고사성어 먹고 자라는 문해력

국어가 좋다

고사성어 먹고 자라는 문해력

글 세사람 | 그림 백명식

다봄.

• 차 례

1장
노력하면 산도 옮길 수 있어!

형설지공	• 8
우공이산	• 12
대기만성	• 16
청출어람	• 20
삼고초려	• 24
후생가외	• 28
화룡점정	• 32
괄목상대	• 36

2장
위기일수록 움츠러들지 마!

고진감래	• 42
구사일생	• 46
새옹지마	• 50
유비무환	• 54
풍전등화	• 58
토사구팽	• 62
구밀복검	• 66

3장
늘 즐거운 일만 있을 수는 없지!

용두사미	• 72
조삼모사	• 76
함흥차사	• 80
지록위마	• 84
부화뇌동	• 88
계륵	• 92
연목구어	• 96

4장
사람들과 어우러져 살고 있지!

관포지교	• 102
결초보은	• 106
동병상련	• 110
다반사	• 114
의기양양	• 118
백발백중	• 122
단도직입	• 126
촌철살인	• 130

도전! 고사성어	• 134
고사성어 보따리	• 140

1장
노력하면 산도 옮길 수 있어!

형설지공 | 우공이산 | 대기만성 | 청출어람
삼고초려 | 후생가외 | 화룡점정 | 괄목상대

螢雪之功
형설지공

'반딧불이와 흰 눈과 함께하는 노력'이라는 뜻으로, 어려운 환경에서도 열심히 공부하는 모습을 봤을 때 사용하는 고사성어예요.

- 차윤은 **형설지공**으로 어려운 상황에서도 공부를 열심히 했어요.
- **형설지공**의 마음으로 노력한 끝에 뜻을 이루고 말았구나.
- 나는 **형설지공**으로 다른 것에 한눈팔지 않고 공부했어요.

옛날 중국 진나라에 차윤이라는 소년이 살았어요. 차윤은 어릴 때부터 공부하는 걸 좋아하고 **매사**에 열심히 노력하며 살았지요. 그런데 집이 너무 가난해서 낮에는 일을 하느라 공부할 시간이 없었어요. 일을 마치고 늦은 밤 집에 오면 온몸은 몽둥이로 얻어맞은 듯 아프고 힘들었어요. 이런 처지에도 공부하고 싶은 열망은 가시지 않았지요.

차윤은 너무 가난해 등불의 기름을 살 돈도 없었어요. 밤에 책을 읽으려면 빛이 필요하잖아요. 달빛으로 책을 보기에는 너무 어두워 제대로 글을 읽을 수 없었어요. 밤이면 어둠 속에서 몇 글자 못 읽고 눈물을 흘리며 잠이 들었지요.

어김없이 힘들게 일을 하고 집에 돌아온 어느 날 차윤은 생각했어요.

'해가 진 캄캄한 밤에도 글을 읽을 수 있다면 얼마나 좋을까?'

그때였어요. 반딧불이가 반짝반짝 빛을 내며 날아갔어요. 순간, 차윤은 깨달았어요.

'저 반딧불이의 불빛을 빌려다가 책을 보면 되겠구나.'

차윤은 그 길로 반딧불이를 담을 얇은 **명주** 주머니를 구했어요. 그러고는 주머니 속에 반딧불이 여러 마리를 잡아서 넣었지요. "미안하다, 반딧불아. 답답해도 잠시만 나를 위해 불을 밝혀다오. 내 이것만 읽고 풀어 줄게." 그렇게 밤마다 반딧불이를 잡아다가 열심히 공부한 덕분에 훗날 나라에서 높은 관리가 될 수 있었답니다.

문해력 쑥쑥 낱말 공부

매사 '매(每)'는 '모든'이라는 뜻이고, '사(事)'는 '일'을 뜻해요. 그래서 '매사'는 '모든 일' 또는 '하나하나의 일마다'를 의미해요. 예를 들어, "민호는 매사에 신중해."라고 하면, 민수가 어떤 일이든 꼼꼼하게 생각하고 행동한다는 거예요. 매사에 성실하고 노력하는 태도는 정말 멋진 모습이죠!
예) 친구가 하는 일이 **매사** 다 그렇지!

어김없이 '어기는 일 없이 그대로'라는 뜻이에요. 이 말은 '약속이나 일이 예상대로 틀림없이 그대로'라는 의미를 담고 있는데, 무언가를 지키거나 이루는 데 있어 한 번도 어긋남이 없는 상황을 말해요. 예를 들어, "선우는 아침마다 어김없이 운동을 해요."라고 하면, 선우가 하루도 빠짐없이 운동을 한다는 뜻이에요.
예) 겨울이 되면 **어김없이** 눈이 와요.

명주 '명주'라는 말은 한자로, '밝을 명(明)'과 '비단 주(紬)'가 합쳐진 말이에요. 여기서 '밝을 명(明)'은 천이 반짝반짝 빛나는 모습을, '비단 주(紬)'는 고운 비단을 뜻해요. 그래서 '명주'는 밝고 반짝이는 부드러운 천이라는 의미를 가지고 있어요. 이 명주는 주로 옷이나 이불을 만들 때 사용돼요.
예) 할머니는 **명주**로 만든 이불을 덮어 주셨어요.

한자 뜯어보기

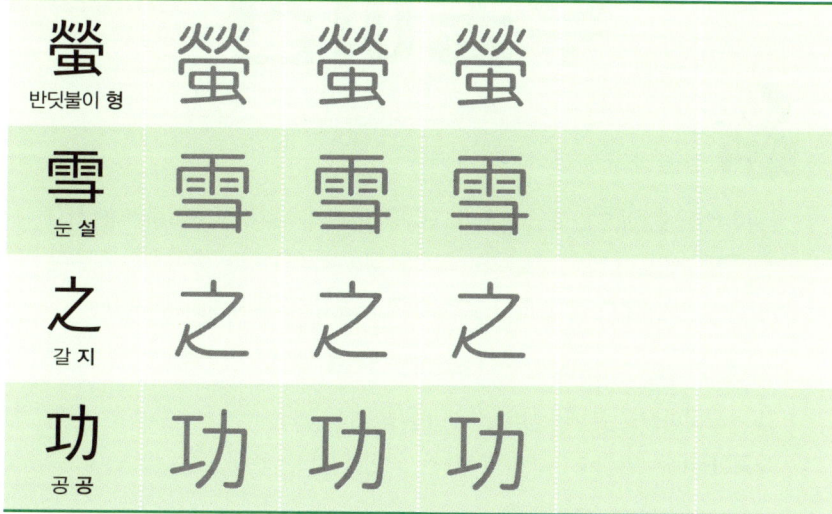

형광등 螢光燈

螢: 반딧불이 형 | 光: 빛 광 | 燈: 등잔 등

형광등은 집이나 학교에서 많이 쓰이는 빛을 내는 전등이에요. 안에 특별한 가스와 하얀 가루가 들어 있어서, 전기를 켜면 밝은 빛이 나요.

적설량 積雪量

積: 쌓을 적 | 雪: 눈 설 | 量: 헤아릴 양(량)

적설량은 눈이 얼마나 많이 내렸는지를 나타내는 양이에요. 눈이 쌓인 높이를 자로 재서 몇 센티미터인지 알려주는 거지요. 겨울에 뉴스나 날씨 예보에서 자주 들을 수 있어요.

공로상 功勞賞

功: 공 공 | 勞: 수고로울 로(노) | 賞: 상줄 상

어떤 일이나 활동에서 큰 공을 세운 사람에게 주는 상이에요. 예를 들어, 오랫동안 회사를 위해 헌신한 사람이나 사회에 좋은 영향을 끼친 사람에게 감사와 칭찬의 의미로 주는 상이지요.

愚 公 移 山

우공이산

'우공이 산을 옮긴다.'는 뜻으로, 남이 보기엔 어리석은 일처럼 보이지만 한 가지 일을 끝까지 밀고 나가면 언젠가는 목적을 달성할 수 있다는 뜻이에요. 주로 포기하지 않고 꾸준히 노력할 때나 오랜 시간이 걸리는 일을 할 때 사용해요.

- 욕심내지 말고 **우공이산**의 마음가짐으로 공부해.
- 나는 **우공이산**을 좌우명 삼아 말없이 일을 해 나갔다.
- **우공이산**에는 열심히 노력하면 하늘도 기회를 준다는 뜻이 포함되어 있어.

　　　　옛날 중국 북산에 아흔 살 먹은 우공이라는 할아버지가 살았어요. 우공 할아버지 집은 거대한 산에 가로막혀 이동이 너무 힘들었어요.
　어느 날, 우공 할아버지는 가족들을 모아 놓고 말했어요.
　"이 산 때문에 너무 답답하구나. 이제부터 이 산을 깎아서 길을 만들 생각이다. 모두 함께하면 가능할 것이다."
　다른 가족들은 다 찬성했지만, 할머니만은 걱정스러운 얼굴로 말했어요.
　"영감, 저렇게 큰 산을 어떻게 다 깎아요?"
　그러자 우공 할아버지는 자신 있게 대답했어요.
　"걱정 마시오. 시간이 걸리더라도 언젠가는 가능할 것이오."

다음 날부터 우공 할아버지와 가족들은 산을 깎기 시작했어요. 흙을 퍼내 **광주리**에 담아 옮기면서, 하루도 쉬지 않고 일했지요. 이웃들은 바보 같은 짓이라며 비웃었지만, 우공 할아버지는 포기하지 않았어요.

　한편, 북산의 산신은 우공 할아버지의 가족들이 산을 깎는 모습을 보고는 "곧 지쳐서 포기하겠지."라며 별일이 아니라고 생각했어요. 하지만 시간이 지나도 멈추지 않자 하늘의 왕에게 **호소했어요**.

　"하늘의 왕님! 우공이 제 **거처**를 없애려 합니다. 산을 옮겨야 합니다!"

　산신의 이야기를 들은 하늘의 왕은 우공 할아버지의 끈기와 노력에 감동해서 자신의 아들을 시켜 산을 멀리 옮겨 놓도록 했어요.

　마침내 북산이 사라지고, 드넓은 길이 열렸어요.

　이 이야기는 꾸준히 노력하면 어떠한 큰일도 이룰 수 있다는 교훈을 남기며 사람들에게 오래오래 전해졌답니다.

 **문해력 쑥쑥 낱말 공부**

광주리 물건을 담거나 담아서 나를 때 사용하는 바구니예요. 주로 대나무, 싸리, 버들 같은 재료를 엮어 만드는데, 바닥은 둥글고 촘촘하게 옆면은 성기게 엮어 만들어요. 보통 윗부분은 바닥보다 더 넓게 벌어져 있어 물건을 담거나 꺼내기 쉬워요. 손잡이가 있어 들고 다니기 편하고, 다양한 크기로 만들어져요.
예) 할머니는 시장에 항상 커다란 **광주리**를 들고 가셨어.

호소하다 '호(呼)'는 '부르다'라는 뜻이고, '소(訴)'는 하소연하다, 알리다'라는 뜻이에요. 따라서 '호소하다'는 자신의 억울하고 딱한 사정을 남에게 간곡히 알리며, 문제를 해결하기 위해 도움을 요청하는 것을 말해요.
예) 그는 억울한 누명을 벗기 위해 경찰에 **호소했지**.

거처 사람이 머물며 생활하는 곳, 즉 집이나 잠자는 곳을 뜻해요. 한자로 '거(居)'는 '머물다'라는 뜻이고, '처(處)'는 '장소'를 의미해요. 잠깐 머무는 숙소뿐만 아니라 오랫동안 사는 집이나 생활하는 공간도 모두 거처에 해당해요. 어느 곳이든 '거처'는 사람이 편안하게 지낼 수 있는 안전한 곳이어야 한답니다.
예) 산불로 집을 잃은 사람들은 임시 **거처**에서 생활했어요.

한자 뜯어보기

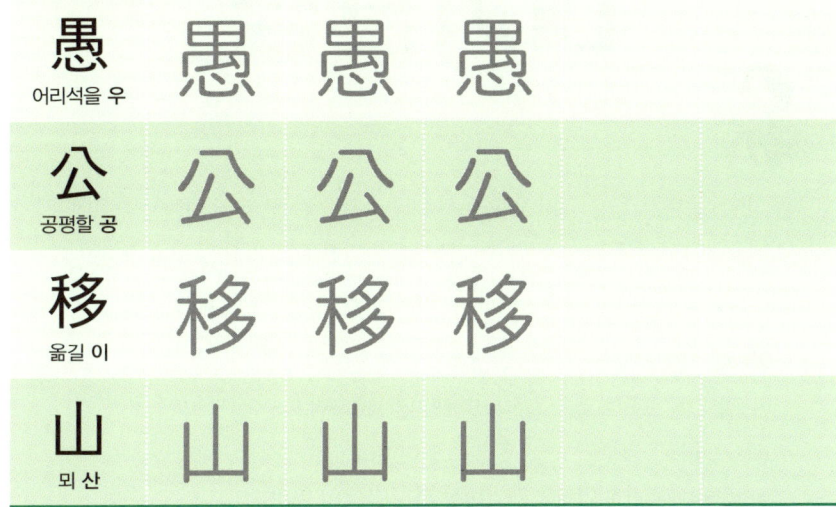

우매하다 愚昧하다
愚 : 어리석을 우 | 昧 : 어두울 매
어리석고 사리에 어둡다는 뜻이에요. '어리석다'는 슬기롭지 못하고 둔하다는 의미이고, '사리에 어둡다'는 상황을 잘 이해하지 못하거나 올바른 판단을 하지 못한다는 뜻이에요.

공정 公正
公 : 공평할 공 | 正 : 바를 정
'공평하고 올바름'이란 한쪽으로 치우치지 않고, 정직하고 바르게 판단하거나 행동하는 것을 말해요. 운동 경기에서 심판이 어느 한쪽 편을 들지 않고 규칙에 따라 판정하는 것이 공정한 행동이에요.

이사 移徙
移 : 옮길 이 | 徙 : 옮길 사
사는 곳을 다른 데로 옮기는 것을 말해요. 가족이 새집으로 옮겨 가거나, 학교나 회사가 다른 곳으로 옮길 때도 "이사한다"라고 해요.

大器晚成
대기만성

'큰 그릇을 만드는 데는 시간이 오래 걸린다.'는 뜻으로, 크게 될 사람은 처음에는 성과가 더딜 수 있지만, 시간이 지나면 남들과는 비교할 수 없을 만큼 훌륭한 사람이 된다는 말이에요. 주로 큰 인물이 될 사람을 이야기할 때 사용해요.

- 그는 **대기만성** 할 거야. 성실하고 실력도 좋잖아!
- 그는 목표를 마음에 품고 정진하여 **대기만성** 하였다.
- 머리가 좋다고 훌륭한 사람이 되는 게 아니야.
  세상에는 꾸준한 노력으로 **대기만성** 하는 사람이 많아.

《노자》 제41장에는 이런 말이 나옵니다.

"아주 큰 네모는 모서리가 없고, 가장 훌륭한 그릇은 늦게 완성된다."

큰 인물은 하루아침에 만들어지는 것이 아니라, 오랜 시간의 노력과 수련 끝에 만들어진다는 뜻이지요. 당장은 눈에 띄지 않는 사람일지라도 시간이 지나면서 그 **진가**가 드러날 수 있다는 뜻도 담겨 있습니다.

《노자》에는 또 이런 일화가 전해집니다. 위나라 장군 최염은 외모와 재능 모두 뛰어나 황제의 **총애**를 받았지만, 그의 사촌 최림은 그렇지 못해 주변의 무시를 받았습니다. 그러나 최염은 이렇게 말했습니다.

"큰 솥은 쉽게 만들어지지 않듯, 큰 인물도 쉽게 드러나지 않는다. 내 아우 최림도 언젠가는 큰 인물이 될 것이다."

그 예언대로 최림은 나중에 높은 관직에 올라 천자를 보필하는 인물이 되었답니다.

또 다른 예로는 명장 마원이 있습니다. 젊은 시절 그는 시골 마을의 **말단** 관리 일을 맡아 떠날 때, 형 마왕에게서 이런 말을 들었습니다.

"뛰어난 목수는 벤 나무를 남에게 쉽게 보여 주지 않는다. 조용히 다듬어 훌륭한 작품으로 완성하지. 너도 참고 견디면 반드시 큰 인물이 될 거야."

이 말을 가슴에 새긴 마원은 마침내 후한을 대표하는 장군이 되었지요.

이처럼 크게 될 사람은 늦게 완성되기도 해요. 그러니 겉모습이나 당장의 성과만 보고 판단해서는 안 됩니다.

큰 인물은 뿌리를 깊게 내리듯 조용히 자신을 갈고닦고, 그 시간의 무게만큼 더 단단해지는 법입니다.

 문해력 쑥쑥 낱말 공부

진가 참된 값어치를 뜻해요. 한자로 '진(眞)'은 '참되다'는 뜻이고, '가(價)'는 '값'이나 '가치'를 뜻해요. 겉모습이나 모르는 사람들이 떠드는 평판이 아니라, 어떤 사람이나 사물, 일의 진짜 가치를 말할 때 '진가'라는 말을 사용해요. 사람의 진가는 시간이 지나면서 드러나기도 하는데, 어려운 상황에서 빛을 발하기도 한답니다.
예) 그는 위기의 순간에 비로소 **진가**를 발휘했어!

총애 남달리 귀여워하고 사랑함을 뜻하는 말이에요. 한자로 '총(寵)'은 '특별히 아끼고 귀여워하다'는 뜻이고, '애(愛)'는 '사랑하다'라는 뜻이에요. 여러 사람 가운데 유독 어떤 사람을 더 아끼고 사랑할 때 '총애한다'고 해요.
예) 왕은 어진 신하를 **총애**하여 곁에 두었다.

말단 한자로 '말(末)'은 '끝'이나 '마지막'을 뜻하고, '단(端)'은 '끝자락'이나 '시작점'을 뜻해요. 그래서 말단은 맨 끄트머리나, 조직에서 가장 아랫자리에 해당하는 부분을 뜻하지요. 꼭 사람뿐 아니라 신체의 말단, 사물의 말단처럼 위치를 가리킬 때도 쓰인답니다.
예) 그는 회사의 **말단** 사원으로 들어와, 노력 끝에 사장이 되었다.

• 한자 뜯어보기 •

大 큰 대	大	大	大
器 그릇 기	器	器	器
晩 늦을 만	晩	晩	晩
成 이룰 성	成	成	成

악기 樂器
樂: 풍류 악, 즐길 낙 | **器**: 그릇 기

음악을 연주할 때 사용하는 도구로, '악'이 의미하는 '풍류'는 멋스럽고 운치 있게 노는 일을 말한답니다. 따라서 악기는 즐거움을 표현하는 도구 또는 신나게 놀거나 멋지게 연주할 때 쓰는 도구라는 뜻이에요.

만학도 晩學徒
晩: 늦을 만 | **學**: 배울 학 | **徒**: 무리 도

나이가 들어서 뒤늦게 공부하는 사람을 말해요. 어렸을 때 공부하지 못했던 사람이 어른이 되어서 학교에 다니거나 책을 읽으며 배우는 경우예요. 배우고자 하는 마음이 강하고, 열심히 노력하는 모습이 멋지다고 여겨져요.

성공 成功
成: 이룰 성 | **功**: 공 공

하려고 했던 일을 잘 이루는 것을 말해요. 목표를 세우고 열심히 노력해서 원하는 결과를 얻었을 때 '성공했다'고 해요. 크고 멋진 일을 이루는 것도 성공이지만, 작은 목표를 이뤘을 때도 성공이라고 할 수 있어요.

靑 出 於 藍
청출어람

'푸른색은 쪽에서 나왔지만 쪽빛보다 더 푸르다.'는 뜻으로, 제자가 스승에게 배웠지만 오히려 스승보다 더 뛰어나게 되었다는 말이에요. 주로 제자의 실력이 아주 뛰어날 때 사용해요.

- 나는 **청출어람**을 기대하며 너희를 가르칠 것이다.
- 바둑계의 **청출어람**, 제자가 스승을 꺾고 바둑 왕이 되었다.
- 선생님이 학생들의 발명품을 보고는 **청출어람**이라고 추켜세웠다.

중국 전국 시대에 순자와 맹자라는 **사상가**가 살았어요.

순자는 '사람의 본성은 태어날 때부터 악하다.'는 성악설을 주장했고 맹자는 '사람의 본성은 태어날 때부터 선하다.'는 성선설을 주장했어요. 둘의 생각은 달랐지만, 모두 사람이 어떻게 살아야 하는지 고민했답니다.

'청출어람'은 이 순자의 사상에서 나온 말이에요.

"푸른색은 쪽풀에서 나왔지만 쪽풀보다 더 푸르고, 얼음은 물에서 생겼지만 물보다 더 차다. 그러니 공부는 멈추지 말고 꾸준히 해야 한다. 그렇게 노력하다 보면 제자가 스승보다 더 훌륭해질 수 있다."

이때부터 '청출어람'은 스승보다 나은 제자를 뜻하게 되었지요.

순자는 사람의 타고난 성품이 나쁘더라도, 바르게 배우고 힘써 **수양하면** 누구나 훌륭한 사람이 될 수 있다고 믿었어요.

　옛날에 이밀이라는 아이가 있었는데, 어려서부터 총명하고 부지런했어요. 이밀은 공번이라는 사람을 스승으로 **삼고** 열심히 공부했지요.
　이밀은 학문을 익히는 속도가 빨라서 몇 년 만에 스승을 따라잡게 되었어요. 그러자 스승인 공번은 이렇게 말했답니다.
　"이밀아, 이제 내가 너에게 가르칠 것이 없구나. 너는 내 학문을 넘어섰으니, 나는 오히려 너를 스승으로 삼고 싶구나."
　공번이 제자인 이밀을 스승으로 삼겠다고 한 이야기는 곧 여기저기로 퍼져 나갔고, 사람들은 그의 겸손한 마음과 용기를 높이 평가했지요. 그리고 모두가 이밀을 가리켜 '청출어람'이라고 칭찬했답니다.

 **문해력 쑥쑥 낱말 공부**

사상가　어떤 사상을 깊이 이해하고, 그것을 바탕으로 자신의 생각을 펼치며 주장하는 사람이에요. '사(思)'는 '생각하다', '상(想)'은 '마음속으로 그리다', '가(家)'는 '어떤 분야에 뛰어난 사람'을 뜻해요. 사상가는 세상과 사회에 대해 깊이 고민하고, 자신의 생각을 말이나 글로 표현하며 활동해요.
예) 이 **사상가**는 자유와 평등의 가치를 평생 주장했어요.

수양하다　한자로 '수(修)'는 '닦다', '양(養)'은 '기르다'는 뜻이에요. 그래서 '수양하다'는 자신을 몸과 마음을 바르게 갈고닦아 기르면서 더 나은 사람이 되기 위해 노력하는 것을 뜻해요. 주로 마음을 가다듬고 인격을 높이려는 태도나 행동을 표현할 때 써요.
예) 그는 정신을 **수양하려고** 조용히 책을 읽었어요.

삼다　어떤 사람이나 일을 특별하게 여기고, 내 사람이나 내 일로 정하는 거예요. 예를 들어, 어떤 사람을 스승이나 친구로 여기거나, 어떤 일을 내 직업이나 습관으로 정할 때 '삼다'라는 말을 써요. 마음속으로 중요하게 생각하고 오래 함께하려는 뜻이 담겨 있어요.
예) 언니는 그림 그리는 일을 직업으로 **삼았어요.**

• 한자 뜯어보기 •

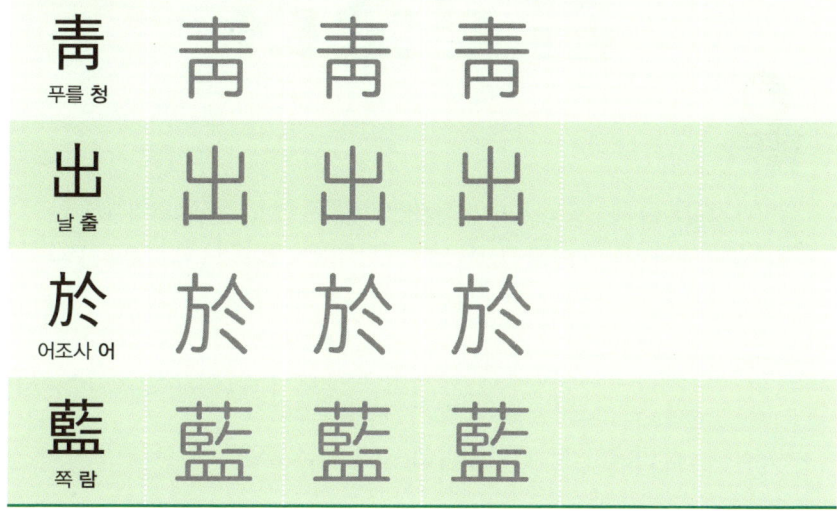

청포도 青葡萄
青: 푸를 청 | 葡: 포도 포 | 萄: 포도 도
포도의 한 종류예요. 보통 보라색이나 자주색을 띠는 일반 포도와 달리, 껍질이 연두색이나 연한 초록빛을 가지고 있어요. 껍질째 먹을 수도 있고, 달콤하고 상큼한 맛이 나요.

출발 出發
出: 날 출 | 發: 필 발
어떤 목적지를 향해 길을 떠나는 것을 말해요. 어디론가 가기 위해 멈춰 있던 곳에서 처음으로 움직일 때 쓰는 말이에요. 놀이공원에 가거나, 소풍을 갈 때 버스가 움직이면 '출발한다'고 해요.

남색 藍色
藍: 쪽 람(남) | 色: 빛 색
아주 짙은 파란색을 말해요. 보통의 하늘색보다 어둡고, 파란색 중에서도 깊고 진한 느낌을 주는 색이에요. 밤하늘이나 깊은 바다를 떠올리게 하는 색이라서 차분하고 조용한 느낌을 줄 때 자주 사용돼요.

三 顧 草 廬
삼고초려

유비가 제갈량을 세 번이나 찾아가 자기편으로 만든 데서 유래한 말이에요. 인재를 얻기 위해 참을성 있게 정성을 다해 노력한다는 뜻이지요. 주로 훌륭한 사람을 모시기 위해 여러 번 찾아가거나 정성을 다할 때 사용해요.

- 나는 **삼고초려** 하는 마음으로 양 선생을 만났다.
- 요릿집 사장님은 그 요리사를 데려오기 위해 **삼고초려** 했다.
- 제작진의 **삼고초려** 덕분에 교수님이 방송에 나올 수 있었대.

《삼국지》의 〈제갈량 편〉에 이런 이야기가 나와요.

유비, 관우, 장비 세 사람은 의형제를 맺고 함께 군대를 만들었어요. 하지만 군기를 잡고 전술을 세울 만한 군사가 없다 보니 조조에게 자주 패했어요. 고민하던 유비는 은사인 사마휘를 찾아가 조언을 구했어요. 그러자 사마휘가 이렇게 말했지요.

"복룡이나 봉추 중 한 사람만 얻어 오시오."

하지만 유비는 그 말뜻을 알 수 없었어요.

"복룡은 누구고, 봉추는 누구입니까?"

하지만 사마휘는 더 이상 설명해 주지 않고 말끝을 흐렸답니다.

그러던 어느 날, 유비는 양양에 사는 제갈량이 '복룡'이라는 사실을 알게 되었어요. 유비는 곧바로 수레에 보물을 가득 싣고 제갈량을 만나러 갔어요. 제갈량은 허름한 초가집에 사는 아주 소박한 사람이었지요.

유비가 집으로 찾아오자 제갈량은 외출 중이라며 다음에 다시 오라고 했어요. 유비는 포기하지 않고 며칠 뒤 또 찾아갔지요. 그런데 이번에도 제갈량은 없었어요. 관우와 장비는 화가 났어요.

"우리가 다시 온다고 했는데, 너무 무례하지 않습니까? 그런 사람은 필요 없습니다. 그냥 돌아갑시다."

그러자 조용히 듣고 있던 유비가 말했어요.

"아우님들, 다음에는 나 혼자 올 테니 따라오지 말게."

유비는 다시 제갈량을 찾아갔어요. 그 진심과 끈기에 감동한 제갈량은 마침내 유비를 따르기로 했답니다.

제갈량은 훗날, 조조의 대군을 물리친 적벽대전을 비롯해 수많은 전쟁에서 큰 공을 세웠어요.

문해력 쑥쑥 낱말 공부

군기 군대에서 꼭 지켜야 하는 규칙이나 질서를 말해요. 한자로 '군(軍)'은 '군대', '기(紀)'는 '법이나 질서'를 뜻해요. 군기가 잘 잡혀 있다는 말은, 군인이 정해진 규칙을 잘 지키고 행동이 바르다는 뜻이에요. 군기가 무너지면 군대 전체의 질서가 흐트러질 수 있어요.
예) 훈련소에서는 **군기**를 바로 세우는 것이 중요해요.

전술 전술은 전쟁이나 싸움에서 이기기 위해 쓰는 기술과 방법이에요. 한자로 '전(戰)'은 '싸움', '술(術)'은 '기술'이나 '방법'을 뜻해요. '전술'은 정해진 목표를 이루기 위한 구체적인 수단으로, 더 크고 넓은 계획인 '전략'보다 작은 단위예요. 어떤 상황에서 어떻게 움직일지 빠르게 판단하고 행동하는 게 전술이에요.
예) 장군은 지형을 살펴 **전술**을 바꾸었어요.

은사 한자로 '은(恩)'은 '고마움'이나 '은혜', '사(師)'는 '스승'을 뜻해요. 그래서 '은사'는 나를 가르쳐 준 스승 중에서도 특히 마음에 남고 고마운 분을 말해요. 학교 선생님일 수도 있고, 삶에 큰 영향을 준 분일 수도 있어요.
예) 스승의 날, 오랜만에 **은사**님께 전화를 드렸어요.

• 한자 뜯어보기 •

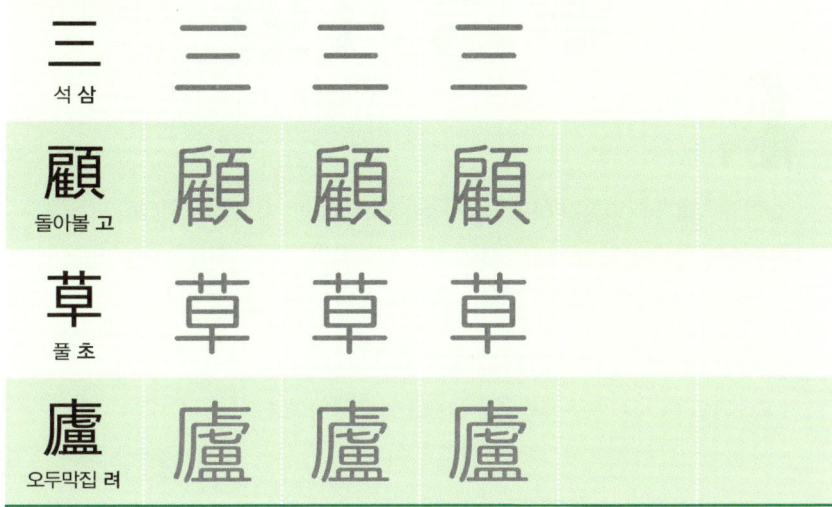

회고록 回顧錄
回 : 돌아올 회 | 顧 : 돌아볼 고 | 錄 : 기록할 록(녹)
자신이 살아온 길을 뒤돌아보며 쓴 책이나 글을 말해요. 주로 중요한 일을 겪은 사람이 자신이 직접 보고 듣고 느낀 것들을 정리해서 써요. 과거를 돌아보며 쓴 글이라서 옛날 이야기가 담겨 있고, 경험에서 배운 교훈도 담겨 있어요.

초원 草原
草 : 풀 초 | 原 : 근원 원
넓게 펼쳐진 풀밭을 말해요. 나무보다는 풀이 많은 평평한 땅으로, 주로 말이나 소 같은 동물들이 풀을 뜯으며 사는 곳이에요. 하늘이 잘 보이고 바람이 시원하게 부는 넓고 탁 트인 자연 풍경을 떠올리면 돼요.

초려 草廬
草 : 풀 초 | 廬 : 오두막집 려
초가집이에요. '초가집'은 풀(짚)로 지붕을 덮은 작은 집으로, 예전에는 시골에서 흔히 볼 수 있었어요. 옛이야기 속에 청렴하게 사는 선비의 집으로 자주 등장해요.

後生可畏
후생가외

'젊은 후학을 두려워할 만하다.'는 뜻으로, 후배나 어린 사람들이 열심히 노력하면 나중에 큰 인물이 될 수 있으니 함부로 얕보지 말고 존중해야 한다는 말이에요. 주로 어린 후배나 제자가 기세가 좋고 열심히 할 때 사용해요.

- 동생을 함부로 대하지 마. **후생가외**란 말도 있지 않니.
- **후생가외**라더니, 한문 실력은 언니보다 동생이 낫구나.
- 더 열심히 운동해야 해. **후생가외**라고 후배들이 더 좋은 기록을 낼 수도 있어.

《논어》의 〈자한 편〉에 이런 말이 있어요.

"뒤에 태어난 사람을 두려워해야 한다. 어찌 나보다 어리다고 해서 나보다 못하다고 말할 수 있겠는가? 그러나 그가 사십이나 오십이 되도록 이름이 알려지지 않는다면, 그땐 두려워하지 않아도 된다."

공자에게는 많은 제자들이 있었어요. 공자는 모든 제자를 아끼고 사랑했어요. 하지만 뛰어난 재능과 **인품**을 지닌 제자에게는 아무래도 더 눈길이 가겠지요. '후생가외'라는 말은 공자가 아꼈던 **특출한** 제자 안회를 두고 한 말이에요.

안회는 학문에 대한 태도도 훌륭하고, **덕**과 재능을 두루 갖춘 사람이었어요. 공자는 안회가 비록 자신보다 어리지만, 실력과 인품이 대단하다고 느꼈던 거예요.

그렇다면 공자가 왜 '후생가외'라는 말을 했을까요?

공자는 나이와 경험만 믿고 자만하지 말고, 자신보다 어린 사람도 존중하라고 말하고 싶었던 거예요. 누구나 성장 가능성이 있다는 걸 잊지 말라는 뜻이지요.

또한 젊고 재능 있는 사람일수록 더욱 겸손하고, 꾸준히 노력해야 한다는 가르침도 담겨 있어요. 겉으로 드러난 재능보다 더 중요한 건 배움에 대한 태도라는 걸 잘 알고 있었던 것이지요.

문해력 쑥쑥 낱말 공부

인품 사람으로서 가지는 성품이나 됨됨이를 말해요. 한자로 '인(人)'은 '사람', '품(品)'은 '품격'이나 '성질'을 뜻해요. 그래서 인품은 그 사람의 말과 행동, 마음씨에서 느껴지는 사람됨을 의미하는 거예요. 인품이 좋은 사람은 바르고 따뜻하며 믿음직한 느낌을 주어요. 함께 있으면 마음이 편해지고, 존경하고 싶어지는 사람이지요.
예) 그는 겸손하고 정직해서 **인품**이 훌륭하다는 말을 자주 들어요.

특출하다 보통보다 훨씬 뛰어나서 눈에 띈다는 뜻이에요. 한자로 '특(特)'은 '특별하다', '출(出)'은 '나오다'라는 뜻이에요. 재능이나 실력, 성격 등이 남들보다 유난히 뛰어날 때 '특출하다'는 말을 써요. 어디에 있어도 반짝반짝 빛나는 별처럼 돋보일 때 쓰는 말이에요.
예) 그는 그림 그리는 재능이 **특출해요.**

덕 바르고 따뜻한 마음으로 남을 이해하고 배려하는 것을 말해요. 자신만 생각하지 않고, 공정하게 행동하며 다른 사람의 마음도 함께 살피는 태도예요. 덕이 있는 사람은 말과 행동이 바르고, 누구에게나 친절하게 대해요. 그래서 덕이 있는 사람 곁에 있으면 마음이 편안해지고 믿음이 생겨요.
예) 그는 **덕**이 높아 모두에게 존경을 받아요.

• 한자 뜯어보기 •

後 뒤 후
生 날 생
可 옳을 가
畏 두려워할 외

후반전 後半戰
後: 뒤 후 | 半: 반 반 | 戰: 싸울 전
어떤 경기나 활동에서 뒤쪽에 진행되는 부분을 말해요. 축구처럼 경기를 앞과 뒤로 나눌 때, 앞부분은 전반전, 뒷부분은 후반전이라고 해요. 보통 전반전이 끝난 뒤 잠깐 쉬고 나서 후반전이 시작되어요.

가능 可能
可: 옳을 가 | 能: 능할 능
어떤 일을 할 수 있거나 이루어질 수 있다는 뜻이에요. 무언가를 할 수 있는 상황이 되거나, 조건이 맞아서 일이 될 수 있을 때 쓰는 말이에요. 반대로, 할 수 없는 경우에는 '불가능'이라고 해요.

경외 敬畏
敬: 공경할 경 | 畏: 두려워할 외
존경하면서 두려워하는 마음까지 함께 가지는 것을 말해요. 누군가를 아주 훌륭하다고 생각해서 높이 여기지만, 너무 대단해서 조금 무서운 느낌이 들 때 쓰는 말이에요. 주로 위대한 인물이나 자연, 신과 같은 존재를 대할 때 이런 마음이 생기게 돼요.

畫龍點睛
화룡점정

어떤 일을 하는 데 있어서 마지막에 가장 중요한 부분을 완성해 그 일을 완벽하게 끝마쳤을 때 쓰는 말이에요. 용을 그린 뒤 마지막으로 눈동자를 그려 넣었더니 그 용이 실제 용이 되어 하늘로 날아올랐다는 옛이야기에서 온 말이에요.

- 이 노래에선 마지막 소절이 **화룡점정**이라 할 수 있다.
- 모든 부분을 **화룡점정**이라 생각하고 심혈을 기울여야 한다.
- 내가 제일 좋아하는 아이돌 그룹이 무대 마지막에 등장해 **화룡점정**을 이뤘다.

중국 당나라 문인 장언원이 쓴 《역대명화기》에 나오는 이야기예요.

옛날 중국 양나라에는 장승요라는 뛰어난 화가가 살았어요. 사람과 동물은 물론 하늘을 나는 용까지 아주 생생하게 그렸지요.

어느 날 장승요는 절에 있는 큰 벽에 용 네 마리를 그렸어요. 비늘과 발톱, 몸짓까지 아주 정교해서 살아 움직이는 것 같았지요. 그런데 이상하게도 용의 얼굴에 눈동자가 없었어요.

사람들이 물었어요.

"왜 용의 눈동자를 그리지 않으셨습니까?"

장승요는 조용히 대답했어요.

"눈동자를 그리면 용들이 정말 살아서 날아가 버릴 테니까요."

사람들은 웃으며 믿지 않았어요.

"그림이 아무리 훌륭해도, 눈을 그린다고 진짜 살아 움직일 수야 있겠소?"

하지만 사람들이 계속 의심하자, 장승요는 붓을 들어 용 두 마리의 얼굴에 눈동자를 그려 넣었어요.

그러자 갑자기 천둥이 치고 벽에 금이 가더니, 눈동자를 그려 넣은 용 두 마리가 사라지고 말았어요. 사람들은 깜짝 놀라 벽을 바라보았어요. 그림 속에 남아 있는 건 눈동자가 없는 용 두 마리뿐이었지요.

이 **일화**에서 화룡점정이라는 말이 나왔답니다.

화룡점정은 '용을 그린 뒤 마지막으로 눈동자를 찍는다.'는 뜻으로, 마지막에 가장 중요한 부분을 더해 완성도를 높인다는 의미예요.

무엇이든 마지막 한 걸음이 결정적일 수 있다는 걸 알려 주는 이야기지요.

 **문해력 쑥쑥 낱말 공부**

문인 글을 쓰거나 학문에 힘쓰는 사람을 말해요. 한자로 '문(文)'은 '글'이나 '배움', '인(人)'은 '사람'을 뜻해요. 시나 소설을 쓰는 사람뿐만 아니라, 공부하고 연구하는 학자들도 문인이라고 해요. 반대로, '무인(武人)'은 싸움이나 군사 일을 하는 사람을 말해요. 문인은 글과 배움으로 세상을 밝히고, 무인은 힘과 용기로 나라를 지켜요.
예) 옛날에는 **문인**과 무인이 나라를 함께 이끌었어요.

정교하다 솜씨나 내용, 구성이 아주 정확하고 세밀하다는 뜻이에요. 작은 부분까지 꼼꼼하고 정성을 들여 잘 만들었을 때 '정교하다'고 해요. 글, 그림, 기계, 건축물처럼 아주 자세하고 빈틈없이 만든 것에 자주 쓰여요. '꼼꼼하다', '섬세하다', '정밀하다' 같은 말과 비슷한 뜻이에요.
예) 발표 자료의 구성과 설명이 참 **정교했어요.**

일화 잘 알려지지 않은 흥미롭고 특별한 이야기를 말해요. 세상에 널리 알려지지는 않았지만, 사람들 사이에서 재미로 전해지는 이야기예요. 유명한 사람의 어린 시절 이야기나, 어떤 사건에 숨겨진 뒷이야기 등이 일화가 될 수 있어요.
예) 이 책에서 숨은 **일화**를 공개합니다.

• 한자 뜯어보기 •

畫 그림 화	畫	畫	畫	
龍 용 룡	龍	龍	龍	
點 점찍을 점	點	點	點	
睛 눈동자 정	睛	睛	睛	

화가 畫家
畫: 그림 화 | **家**: 집 가
그림 그리는 일을 직업으로 하는 사람을 말해요. 풍경이나 사람, 상상 속 장면 등을 물감이나 연필 등으로 멋지게 표현하는 사람이에요. 화가는 그림을 통해 자신의 생각이나 감정을 다른 사람에게 전해요.

등용문 登龍門
登: 오를 등 | **龍**: 용 용(룡) | **門**: 문 문
큰 꿈을 이루기 위한 어려운 관문이나 기회를 말해요. 잉어가 힘든 폭포를 거슬러 오르면 용이 된다는 중국의 옛이야기에서 나온 말이에요. 그래서 어렵지만 그것만 넘으면 성공하거나 높은 자리에 오를 수 있는 길을 뜻해요.

점묘법 點描法
點: 점찍을 점 | **描**: 그릴 묘 | **法**: 법도 법
작은 점을 여러 번 찍어서 그림을 그리는 방법이에요. 붓이나 펜으로 색깔 있는 점을 여러 개 찍어 놓으면, 멀리서 볼 때 하나의 그림처럼 보여요. 점이 모여서 빛과 색을 표현하는 독특한 기법이에요.

괄목상대

刮 目 相 對

'눈을 비비고 상대편을 본다.'는 뜻으로, 남의 실력이나 재주가 놀랄 만큼 갑자기 늘어서 깜짝 놀랄 때 쓰는 말이에요. 주로 예상보다 훨씬 성장한 모습을 보았을 때 사용해요.

- 네 태권도 실력이 **괄목상대** 할 만큼 많이 늘었구나!
- 지난 1980년대 이후 중국 경제는 **괄목상대**라 할 만한 성장을 보였다.
- 집 밖에도 나오지 않고 며칠 동안 연습을 했더니 연주 실력이 **괄목상대** 했다.

중국 삼국 시대, 위, 촉, 오 세 나라가 서로 대립하고 있을 때, 오나라에는 여몽이라는 장수가 있었어요.

여몽은 손권을 **보좌하던** 장군이었는데, 전쟁에서 많은 공을 세워 높은 자리에 올랐지요. 힘도 세고 무술도 뛰어났지만, 책과는 친하지 않았어요.

어느 날, 손권이 여몽에게 이렇게 말했어요.

"지금도 훌륭하지만, 책을 읽고 **병법**까지 익히면 더 훌륭한 장수가 될 수 있을 걸세."

하지만 여몽은 일이 많아 책 읽을 시간이 없다고 했어요.

그러자 손권이 웃으며 이렇게 말했지요.

"자네보다 내가 더 바쁠 텐데, 나는 틈틈이 역사책과 병법서를 읽고 있네. 한나라 광무제는 전쟁 중에도 손에서 책을 놓지 않았고, 조조도 나이 들어서까지 책 읽기를 즐겼다네."

이 말을 들은 여몽은 **분주한** 전장에서도 틈틈이 책을 읽었지요.

얼마 뒤, 학문이 깊은 노숙이 여몽을 찾아왔어요. 예전처럼 이런저런 이야기를 나누던 노숙이 깜짝 놀랐어요.

"아니, 예전엔 힘만 쓰는 장수인 줄 알았는데, 언제 이렇게 똑똑해졌나? 더 이상 예전의 여몽이 아니구먼!"

그러자 여몽이 웃으며 대답했어요.

"선비란 사흘만 떨어져 있어도, 다시 만났을 땐 눈을 비비고 다시 봐야 할 정도로 달라져 있어야 하지요."

이 이야기에서 나온 말이 바로 괄목상대예요.

훌륭한 장수는 책을 많이 읽어야 해!

문해력 쑥쑥 낱말 공부

보좌하다   윗사람을 도와 일을 처리하거나, 누군가를 보호하며 돕는다는 뜻이에요. 높은 자리에 있는 사람 곁에서 함께 일하거나, 그 사람을 지키며 돕는 상황에서 쓰여요. 보좌하는 사람 덕분에 중요한 일이 더 잘 진행될 수 있어요.
예) 비서는 회장님을 **보좌하며** 바쁜 일정을 관리했어요.

병법   군사를 이끌어 전쟁을 할 때 쓰는 방법이나 계획을 말해요. '병(兵)'은 '군사', '법(法)'은 '방법'이나 '규칙'을 뜻해요. 어떻게 싸우면 이길 수 있을지 생각하고, 군대를 움직이는 방법을 정리한 것이 병법이에요. 옛날 장군들은 병법을 익혀서 전쟁에서 이기기 위한 지혜를 쌓았어요.
예) 장군은 **병법**에 따라 군사를 나누어 적을 공격했어요.

분주하다   이리저리 바쁘고 정신없이 움직이는 상태를 말해요. 무언가를 하느라 계속 움직이고, 쉴 틈 없이 바쁠 때 '분주하다'는 말을 써요. 사람뿐 아니라 장소나 분위기에도 쓸 수 있어요. 마음까지 바쁘게 느껴질 만큼 어수선할 때도 '분주하다'고 해요.
예) 발표를 앞두고 마음이 **분주해서** 가만히 있을 수 없었어요.

• 한자 뜯어보기 •

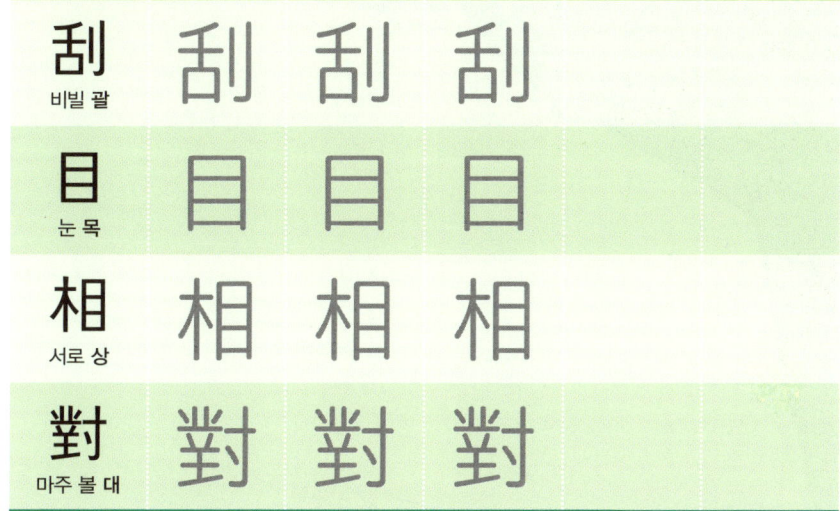

목격하다 目擊하다
目: 눈 목 | **擊**: 부딪칠 격

어떤 일이 일어나는 모습을 직접 눈으로 보는 것을 말해요. 사진으로 본 것이 아니라 바로 그 자리에 있어서 직접 본 경우를 뜻하지요. 사건이나 사고처럼 중요하거나 놀라운 일을 실제로 본 경우에 주로 써요.

상담 相談
相: 서로 상 | **談**: 말씀 담

고민이나 어려운 일을 누군가에게 이야기하고, 그에 대한 도움이나 조언을 받는 것을 말해요. 마음이 답답할 때나 혼자 해결하기 힘든 일이 있을 때 친구나 부모님, 선생님과 상담하면 큰 도움이 돼요.

비대면 非對面
非: 아닐 비 | **對**: 마주 볼 대 | **面**: 얼굴 면

사람끼리 직접 만나지 않고 하는 것을 말해요. 전화나 영상 통화처럼 직접 만나서 얼굴을 마주 보지 않고 이야기하거나 일을 처리하는 방식이에요. 코로나19처럼 감염병이 유행할 때 비대면 수업이나 회의를 자주 했어요.

2장
위기일수록 움츠러들지 마!

고진감래 | 구사일생 | 새옹지마 | 유비무환
풍전등화 | 토사구팽 | 구밀복검

苦 盡 甘 來
고진감래

'쓴 것이 다하면 단것이 온다.'는 뜻으로, 힘들고 괴로운 시간이 지나면 기쁘고 좋은 일이 생긴다는 말이에요. 주로 어려움을 잘 견디고 좋은 결과를 얻게 되었을 때 사용해요.

- **고진감래**라더니 고생 끝에 정말 좋은 날이 오는구나!
- 아버지는 **고진감래**의 마음으로 우리 가족을 위해 애쓰셨다.
- **고진감래**라는 말도 있잖니. 힘들어도 참고 공부하면 좋은 결과가 있을 거야.

옛날 중국 원나라에 아주 **총명한** 소년이 살았어요.

소년은 머리도 좋고 성실했지만, 집이 너무 가난해서 하루 한 끼도 **간신히** 해결했지요. 하지만 소년에게는 간절한 소원이 하나 있었어요. 바로 좋아하는 책을 마음껏 읽고, 좋아하는 글을 마음껏 쓰는 것이었지요.

이른 새벽부터 농사일과 집안일을 하면서도 소년은 늘 이렇게 생각했어요.

"지금은 힘들지만, 열심히 살다 보면 분명 꿈을 이룰 날이 올 거야."

그래서 소년에게 가난과 고생은 꿈을 포기해야 할 이유가 되지 않았어요.

소년은 틈나는 대로 공부를 했어요. 붓과 종이를 살 수 없을 만큼 형편이 어려워 불 지피고 남은 숯을 붓 대신 쓰고, 바닥에 떨어진 마른 나뭇잎을

종이 삼아 글쓰기를 했어요. 매일매일, 한 자 한 자 정성껏 쓰고 또 썼지요.

공자는 "타고난 천재도 **부단히** 노력하는 사람을 이기지 못한다."고 말했어요. 그만큼 노력의 힘은 정말 대단하지요.

그렇게 노력한 끝에, 소년은 마침내 뛰어난 문학가가 되었어요. 이 소년의 이름은 바로 도종의예요.

도종의는 《남촌철경록》이라는 서른 권짜리 책을 썼어요. 그 책에는 원나라 시대의 생활과 문화가 아주 자세히 담겨 있어 지금도 역사 연구에 필요한 소중한 자료로 남아 있답니다.

가난과 어려움 속에서도 포기하지 않았던 노력이 큰 결실을 맺은 것이지요.

여러분도 힘든 순간이 있더라도, 꿈을 향해 조금씩 나아간다면 분명 멋진 날이 올 거예요.

 **문해력 쑥쑥 낱말 공부**

총명하다 보고 들은 것을 잘 기억하거나 매우 똑똑하고 재주가 있는 것을 말해요. '총(聰)'은 '귀가 밝다'는 뜻이고, '명(明)'은 '밝다', '똑똑하다'는 뜻이지요. 눈치가 빠르고 이해도 잘하는 머리가 좋은 사람에게 쓰는 말이에요.
예) 선생님은 **총명한** 학생을 금세 알아보셨어요.

간신히 어떤 일을 겨우 해냈을 때 쓰는 말이에요. 힘들고 어려운 상황에서 조금의 차이로 가까스로 성공했을 때 사용해요. 무언가를 놓칠 뻔했거나 실패할 뻔했지만 아슬아슬하게 해낸 느낌이 담겨 있어요. '겨우', '가까스로'와 비슷한 뜻으로 쓰여요.
예) 나는 **간신히** 숙제를 끝내고 잠이 들었어요.

부단히 꾸준하게 이어져서 쉬지 않고 계속된다는 뜻이에요. 무언가를 멈추지 않고 끊임없이 노력하거나 계속할 때 '부단히'라는 말을 써요. '부(不)'는 '아니다', '단(斷)'은 '끊다'라는 뜻이에요. 그래서 '부단히'는 끊이지 않고 계속한다는 뜻이 담긴 말이에요.
예) **부단히** 연습한 결과 실력이 늘었어요.

• 한자 뜯어보기 •

고생 苦生
苦: 쓸 고, 괴로울 고 | **生**: 날 생

힘들고 괴로운 일을 겪는 것을 말해요. 몸이 피곤하거나 마음까지 힘들 정도로 어려운 일을 오래 겪을 때 주로 써요. 하지만 이런 상황에서도 열심히 노력하면 '고생 끝에 낙이 온다.'는 말처럼 좋은 결과를 얻기도 해요.

소진 消盡
消: 꺼질 소 | **盡**: 다할 진

힘이나 물건 같은 것이 모두 없어지는 것을 말해요. 몸의 기운이 다 떨어지거나, 연료나 에너지를 다 써 버려서 더 이상 남지 않았을 때 쓰는 말이에요. 많이 움직이거나 계속 무언가를 사용해서 없어지면 '소진됐다'고 해요.

감미료 甘味料
甘: 달 감 | **味**: 맛 미 | **料**: 헤아릴 료(요)

음식이나 음료에 단맛을 더해 주는 물질을 말해요. 설탕처럼 자연에서 얻은 것도 있고, 사람이 만든 인공 감미료도 있어요. 음식을 더 맛있게 만들거나, 단맛이 필요할 때 조금씩 넣어요.

九 死 一 生
구사일생

'아홉 번 죽을 뻔하다가 한 번 살아난다.'는 뜻으로, 몇 번이나 죽을 고비를 넘기고 간신히 살아남았다는 말이에요. 주로 아주 위태로운 상황에서 가까스로 살아남았을 때 사용해요.

- 떨어질 뻔한 걸 할머니가 잡아 주셔서 **구사일생**으로 살았어.
- 차가 뒤집히는 사고에도 안전띠 덕에 **구사일생**으로 살았다.
- 그는 징용에 끌려갔다가 광복이 되어 **구사일생**으로 살아 돌아왔다.

옛날 중국 초나라에 시인이자 정치가였던 굴원이라는 사람이 살았어요. 그는 매우 똑똑하고 성품이 곧았지요.

굴원은 **충직한** 신하로, 왕에게도 바른말을 숨기지 않았어요. 당시 진나라가 초나라를 속이려 하자, 굴원은 왕에게 정신을 바짝 차려야 한다고 말했어요. 다른 신하들은 왕의 눈치를 보며 **아첨**만 했고, 굴원의 말은 받아들여지지 않았지요.

결국 굴원은 왕의 미움을 사서 멀리 쫓겨났고, 초나라는 진나라에 지고 말았어요. 나라를 지키지 못했다는 생각에 괴로워하던 굴원은 결국 강물에 몸을 던졌다고 해요.

'구사일생'이라는 말은 이 굴원과 관련이 있어요.

사마천이 쓴 《사기》의 〈굴원 열전〉에 실린 시 〈이소〉를 보면, 굴원이 목숨을 걸고 자기 소신을 지킨 마음이 잘 나타나 있어요.

긴 한숨과 눈물로 인생의 고난을 슬퍼하네.
그러나 스스로 마음이 선하다고 믿기에
비록 아홉 번 죽더라도 후회하는 일은 하지 않을 것이다.

여기서 '아홉 번 죽더라도(九死)'라는 말에 대해, 유량주라는 학자가 "아홉은 수의 끝이다. 충성과 바름을 지키려다 아홉 번 죽고 한 번도 살아남지 못하더라도, 그것을 후회하거나 원망할 이유는 없다."고 한 말에서 유래한 고사성어가 바로 구사일생이에요.

'아홉 번 죽을 고비를 넘기고 한 번 살아난다.'는 뜻으로, 아주 큰 위험을 가까스로 넘겼을 때 쓰는 말이지요. 그 말 속에는 목숨보다 소신과 바름을 더 소중히 여긴 굴원의 마음도 담겨 있답니다.

 **문해력 쑥쑥 낱말 공부**

충직하다 충성스럽고 정직하다는 뜻이에요. 거짓 없이 바르고, 믿을 수 있을 만큼 성실한 사람에게 쓰는 말이에요. '충(忠)'은 '마음을 다해 섬기다'는 뜻이고, '직(直)'은 '곧고 정직하다'는 뜻이에요. 그래서 충직한 사람은 맡은 일을 성실히 하고, 다른 사람에게 믿음을 줘요.
예) <u>충직한</u> 개는 주인을 끝까지 지켰어요.

아첨 남에게 잘 보이려고 지나치게 알랑거리는 말이나 행동을 말해요. 진심이 아니라 상대의 기분을 맞추기 위해 과하게 칭찬하거나 비위를 맞출 때 아첨한다고 해요. 듣는 사람은 기분이 좋을 수 있지만, 거짓이 섞인 말이라면 믿기 어려울 수 있어요.
예) 그는 상사의 마음에 들기 위해 <u>아첨</u>을 일삼았어요.

소신 자기 생각이나 믿음을 굳게 지키는 태도를 말해요. 한자로 '소(所)'는 '~하는 바' 또는 '가지고 있는 것', '신(信)'은 '믿음'을 뜻해요. 그래서 '소신'은 자신이 믿고 있는 바, 또는 그 믿음을 지키는 마음을 뜻해요. 다른 사람이 뭐라고 해도 자기 생각이 옳다고 믿고 흔들리지 않을 때 '소신이 있다'고 해요.
예) 친구들의 의견과 달라도 그는 자신의 <u>소신</u>을 말했다.

• 한자 뜯어보기 •

九 아홉 구	九	九	九		
死 죽을 사	死	死	死		
一 하나 일	一	一	一		
生 날 생	生	生	生		

구구단 九九段
九: 아홉 구 | 九: 아홉 구 | 段: 구분 단
1부터 9까지의 숫자를 서로 곱하는 내용을 정리한 표예요. 예를 들어 2단은 '2×1=2, 2×2=4, 2×3=6'처럼 곱셈을 쉽게 외우고 계산할 수 있도록 도와줘요. 초등학교에서 곱셈을 배울 때 가장 먼저 익히는 중요한 내용이에요.

사망 死亡
死: 죽을 사 | 亡: 망할 망
사람이 목숨을 잃는 것을 말해요. 다시 숨을 쉬거나 움직일 수 없는 상태가 되는 것을 말해요. 몸의 기능이 멈추고 더 이상 살아 있지 않을 때 '사망했다'고 해요.

생일 生日
生: 날 생 | 日: 날 일
태어난 날 또는 태어난 날을 기념하는 날이에요. 누군가가 이 세상에 처음 태어난 특별한 날이라서, 매년 그 날짜가 되면 축하해요. 친구나 가족이 생일을 맞으면 선물을 주거나 잔치를 열어 축하해요.

塞 翁 之 馬
새옹지마

'변방에 사는 노인의 말'이라는 뜻으로, 세상일은 어떻게 변할지 알 수 없어서 지금 좋다고 해도 나빠질 수 있고, 지금 나쁘다고 해도 나중에 좋은 일이 될 수 있다는 말이에요. 주로 일이 잘 안 풀릴 때 너무 실망하지 말라고 위로할 때 사용해요.

- 성적 때문에 기죽지 마. 인간 만사 **새옹지마**라니까.
- 우리가 부자가 되고, 만석꾼이었던 만식이가 거지가 되다니.
  정말 인생은 **새옹지마**야.
- 좋은 일이 있으면 힘든 일도 있는 거지. 인생사 **새옹지마** 아니겠는가?

옛날 중국의 시골 마을에 한 노인이 가족과 함께 살고 있었어요. 노인의 집에는 말이 한 **필** 있었는데, 노인은 그 말을 아주 정성껏 키웠지요. 그런데 어느 날, **고삐** 풀린 말이 멀리 달아나 버리고 말았어요.
이 소식을 들은 이웃 사람들이 노인을 찾아와 말했어요.
"어르신, 얼마나 속상하십니까. 큰일이네요."
그러자 노인은 조용히 웃으며 이렇게 말했어요.
"고맙네. 하지만 이번 일이 복이 될지 어찌 알겠는가."
노인의 평온한 얼굴을 보고 이웃들은 안심하고 돌아갔어요.
몇 달 뒤, 노인이 집에 있는데 갑자기 말 울음소리가 들렸어요. 달아났던 말이 튼튼하고 날쌘 말 한 마리를 데리고 돌아온 거예요.

이웃들이 다시 찾아와 말했어요.

"정말 말씀대로 되었네요. 이렇게 좋은 말이 생기다니 축하드려요!"

하지만 노인은 이번에도 조용히 말했어요.

"이번 일이 또 화근이 될 수도 있지 않겠는가."

며칠 뒤, 말타기를 좋아하는 노인의 아들이 새 말을 타다가 떨어져 다리가 부러지고 말았어요. 사람들이 걱정하자 노인은 또 웃으며 말했지요.

"괜찮네. 이 일도 언젠가 복이 될지 누가 알겠는가."

얼마 후, 전쟁이 일어났고 마을의 젊은이들이 전쟁터에 끌려가 목숨을 잃었어요. 하지만 다리를 다친 노인의 아들은 전쟁에 나가지 않아 목숨을 건질 수 있었답니다.

이 이야기는 세상일은 끝까지 가 보지 않으면 모른다는 교훈을 우리에게 전해 줘요. 지금 당장에는 불행 같아 보여도, 그 끝에 복이 숨어 있을 수도 있거든요.

문해력 쑥쑥 낱말 공부

필 '필'은 말이나 소 같은 큰 동물을 셀 때 쓰는 단위예요. '말 한 필', '소 두 필'처럼요. 또한 '필'은 일정한 길이로 말아 놓은 천을 셀 때도 써요. '비단 두 필', '무명 한 필'처럼요. 두 경우 모두 '필'이라고 읽지만, 쓰는 한자가 서로 달라요.
예) 왕은 장군에게 말 두 **필**을 선물로 주었어요.

고삐 말이나 소를 몰거나 부릴 때 사용하는 줄이에요. 재갈이나 코뚜레, 굴레에 매어서 동물을 다룰 수 있도록 만든 끈이에요. 사람이 고삐를 잡고 방향을 바꾸거나 속도를 조절하며 동물을 움직이게 해요.
예) 그는 말의 **고삐**를 단단히 잡고 달리기 시작했어요.

화근 나중에 큰 화나 재앙이 될 만한 원인을 말해요. 지금 당장은 괜찮아 보여도, 나중에 문제가 되는 씨앗이 될 때 '화근'이라고 해요. 한자로 '화(禍)'는 '재앙, 나쁜 일', '근(根)'은 '뿌리'를 뜻해요. 그래서 '화근'은 나쁜 일의 뿌리, 즉 재앙이 시작되는 근원이라는 뜻이 되는 거예요.
예) 그의 욕심이 결국 **화근**이 되었어요.

• 한자 뜯어보기 •

塞 변방 새	塞	塞	塞	
翁 늙은이 옹	翁	翁	翁	
之 갈 지	之	之	之	
馬 말 마	馬	馬	馬	

요새 要塞
要: 중요할 요 | **塞**: 변방 새

적의 공격을 막기 위해 튼튼하게 만든 방어 시설이에요. 전쟁 때 병사들이 몸을 숨기고 싸우기 좋게 만든 곳으로, 두꺼운 벽, 높은 탑, 넓은 성벽 등으로 이루어져 있어 안전하게 몸을 지킬 수 있어요.

옹 翁
翁: 늙은이 옹

나이가 많고 존경받는 사람의 이름 뒤에 붙이는 말이에요. 주로 성이나 이름, 또는 호(별명) 뒤에 붙여서 그 사람을 높여 부를 때 사용해요. 예를 들어, '김봉수 옹'이라고 하면, 김봉수라는 어른을 높여 부르는 거예요.

승마 乘馬
乘: 탈 승 | **馬**: 말 마

말을 타고 달리는 운동이나 활동을 말해요. 옛날에는 말을 교통수단으로 사용했지만, 요즘에는 운동이나 취미로 승마를 즐겨요. 말을 타려면 균형을 잘 잡아야 하고, 말을 다루는 기술도 함께 배워야 해요.

有 備 無 患
유비무환

앞으로 생길지도 모를 걱정이나 어려움에 대비해 미리 준비해 두면, 나중에 걱정할 일이 없다는 뜻이에요. 주로 앞으로 생길지도 모를 어려움에 대비해 미리 준비해 두는 것이 좋을 때 사용하는 말이에요.

- **유비무환**! 나는 혹시 몰라 약을 챙겨 갔다.
- **유비무환**이라고, 재난을 대비해 물과 식량을 창고에 비축해 놓았어.
- 어려울 때를 대비해 **유비무환**의 정신으로 저축을 했더라면 이렇게 어렵지는 않았을 텐데.

진나라에는 총명한 임금 도공과 정직하고 법을 엄격히 지키는 신하 위강이 있었어요.

어느 날 도공의 동생 양간이 군대의 질서를 어지럽히는 잘못을 저질렀어요. 그러자 위강은 벌을 주겠다며 양간의 부하를 죽이려고 했어요.

양간은 형 도공에게 억울함을 호소하며 위강이 자신을 무시했다고 말했어요. 이에 도공이 크게 화를 내며 위강을 끌고 오라고 했지요.

그때 신하 양설이 나서서 진심을 담아 말했어요.

"위강은 충직한 사람입니다. 먼저 사정을 살핀 뒤 벌을 내리셔도 늦지 않습니다."

위강이 **상소문**을 올리고 스스로 목숨을 끊으려 하자, 상소문을 읽은 도공이 잘못을 깨닫고는 곧장 밖으로 나가 위강에게 사과했어요.

"이 모든 건 내 잘못이네. 부디 용서해 주시게."

그 뒤로 도공은 위강에게 군대를 맡길 만큼 깊이 신임했어요.

어느 날 오랑캐들이 도공에게 예물을 보내며 친하게 지내자고 연락하자, 도공은 오히려 **정벌**을 고민했어요. 그러자 위강이 말렸어요.

"이 기회에 그들을 **감화**시키면, 전쟁 걱정 없이 나라를 지킬 수 있습니다."

도공은 위강의 조언을 받아들였고, 진나라는 더욱 강해졌어요.

이에 도공이 위강에게 보물을 주려 했지만, 위강은 정중히 거절했어요.

"나라의 평안은 임금과 여러 신하의 공입니다. 저는 그저 '평안할 때 위태로움을 생각하라.'는 옛말을 따랐을 뿐입니다."

위강은 끝까지 자기 공을 내세우지 않은 참된 충신이었답니다.

 **문해력 쑥쑥 낱말 공부**

상소문 예전에 신하가 임금에게 올리던 글이에요. 나라의 일을 바로잡거나, 잘못된 점을 알리려고 썼어요. 주로 학식이 높은 관리들이 임금에게 정치를 바르게 해 달라고 의견을 올릴 때 사용했어요. 왕에게 보내는 공식적인 건의문 같은 거예요.
예) 신하가 임금께 **상소문**을 올려 백성의 어려움을 알렸어요.

정벌 적이나 죄를 지은 무리를 무력으로 쳐서 다스리는 것을 말해요. '정(征)'은 '치러 간다, 공격하러 간다'는 뜻이고, '벌(伐)'은 '치다, 무찌르다'는 뜻이에요. 그래서 정벌은 전쟁이나 군대를 동원해 상대를 공격하고 다스리는 일을 의미해요. 주로 나라 사이의 전쟁이나, 반란을 일으킨 무리를 없앨 때 쓰는 말이에요.
예) 왕은 반란군 **정벌**에 나섰어요.

감화 누군가의 좋은 말이나 행동을 보고 마음이 좋은 쪽으로 바뀌는 것을 말해요. 다른 사람의 따뜻한 행동이나 바른 모습에 감동을 받아서, 생각이나 태도가 달라지고 더 나아지는 것이지요. 다른 사람의 마음을 좋게 바꿔 주는 일도 감화라고 해요.
예) 나는 책에서 읽은 위인들에게 많은 **감화**를 받았다.

· 한자 뜯어보기 ·

有 있을 유	有	有	有		
備 갖출 비	備	備	備		
無 없을 무	無	無	無		
患 근심 환	患	患	患		

유명 有名 하다
有: 있을 유 | **名**: 이름 명

이름이나 얼굴이 널리 알려져 있다는 뜻이에요. 노래를 잘 부르는 가수나, 연기를 잘하는 배우처럼 특별한 능력과 다양한 활동으로 알려진 유명한 사람이 많아요. 사람뿐 아니라 유명한 음식이나 장소도 있어요.

예비 豫備
豫: 미리 예 | **備**: 갖출 비

어떤 일에 대비해서 미리 준비해 두는 것을 말해요. 혹시라도 생길 수 있는 상황에 대비해서 먼저 챙겨 놓는 거예요. 준비가 잘되어 있어야 나중에 당황하지 않고 잘 대응할 수 있어요.

환자 患者
患: 근심 환, 질병 환 | **者**: 사람 자

아프거나 다쳐서 치료를 받는 사람을 말해요. 병원에서 의사나 간호사에게 진료를 받거나 약을 먹는 사람이지요. 몸이 아플 수도 있고, 마음이 힘들어서 병원에 오는 경우도 있어요.

風 前 燈 火
풍전등화

'바람 앞의 등불'이란 뜻으로, 언제 꺼질지 모르는 등불처럼 아주 위태롭고 오래 버티기 힘든 상황에 놓여 있다는 말이에요. 주로 생명이 위태롭거나 상황이 매우 어려울 때 사용해요.

- 국가의 운명이 **풍전등화**에 처했다.
- 상대는 무서운 기세로 공을 몰았고, 나는 **풍전등화**처럼 위태로웠다.
- 투표 결과가 한 표 한 표 더할수록 내 위치는 **풍전등화**와 같았다.

촛불을 켜 놓았을 때, 바람이 불면 어떻게 될까요? 촛불이 바람에 흔들리며 금방이라도 꺼질 것처럼 **위태롭게** 보일 거예요. 이렇게 아주 위험하고 급한 상황을 가리켜 '풍전등화'라고 해요. '바람 앞의 등불'이라는 뜻으로, 사람의 운명이 어떻게 될지 모를 만큼 급하고 위험한 상황을 촛불에 빗대어 표현한 말이지요.

우리 역사에서도 '풍전등화'처럼 위험한 순간이 여러 번 있었어요.

우리나라는 중국, 러시아, 일본 같은 **강대국** 사이에 있다 보니 침략이나 간섭을 많이 받았거든요. 하지만 이런 **혹독한** 시련 속에서도 우리 민족은 끝내 이를 극복하고 더욱 굳건한 나라로 성장했답니다.

'풍전등화'처럼 위험하고 힘든 상황을 나타내는 또 다른 고사성어로 '사면초가'가 있어요.

사면초가는 초나라의 장수 항우가 적에게 둘러싸여 있었을 때, 네 방향(사면)에서 초나라의 노랫소리가 들려오자 깜짝 놀랐다는 옛이야기에서 나왔어요. 적이 있는 곳에서 초나라 노래가 들린다는 건 초나라 군사들이 이미 항복했다는 뜻이지요. 그래서 '사면초가'는 사방이 모두 적이고, 도와줄 사람도 없어 아무것도 할 수 없는 답답하고 외로운 상황을 뜻한답니다.

 문해력 쑥쑥 낱말 공부

위태롭다 어떤 상황이 아주 불안하고 위험해 보인다는 뜻이에요. 곧 무슨 일이 생길 것 같아서 마음을 놓을 수 없을 때 쓰는 말이에요. 조금만 잘못해도 큰일이 날 것 같고, 긴장을 늦출 수 없는 상태를 나타내요. '아슬아슬하다'와 비슷하게 쓰여요.
예) 발 디딜 틈 없는 절벽 끝은 매우 **위태로워** 보였어요.

강대국 정치, 경제, 군사 같은 여러 면에서 힘이 세고 규모가 큰 나라를 말해요. '강(強)'은 '힘이 세다', '대(大)'는 '크다', '국(國)'은 '나라'를 뜻해요. 그래서 강대국은 힘도 세고 덩치도 큰 나라, 즉 다른 나라에 큰 영향을 줄 수 있는 나라이지요. 반대로 '약소국'은 힘이 약하고 규모가 작은 나라예요.
예) 다른 나라를 치기 위해 주변 **강대국**의 힘을 빌리기도 했다.

혹독하다 정도가 아주 심하거나, 성격이나 행동이 매우 모질고 무서울 때 쓰는 말이에요. 날씨나 벌, 훈련 등이 너무 심할 때도 쓰고, 사람이 누군가에게 너무 매몰차게 굴 때도 사용할 수 있어요. '혹독하다'는 말에는 견디기 힘들 만큼 고되거나 무섭다는 느낌이 담겨 있어요.
예) 감독의 훈련은 정말 **혹독했지만**, 선수들은 끝까지 해냈어요.

• 한자 뜯어보기 •

風 바람 풍	風	風	風
前 앞 전	前	前	前
燈 등잔 등	燈	燈	燈
火 불 화	火	火	火

선풍기 扇風機
扇: 부채 선 | **風**: 바람 풍 | **機**: 틀 기

바람을 일으켜서 시원하게 해 주는 전자 기기예요. 날개가 빠르게 돌면서 바람을 앞쪽으로 내보내는 방식이에요. 더운 날에 바람을 일으켜서 땀을 식히고 몸과 마음을 시원하게 해 줘요.

전진 前進
前: 앞 전 | **進**: 나아갈 진

앞으로 나아가는 것을 말해요. 걸어갈 때나 차가 움직일 때, 방향이 앞쪽이면 전진이라고 해요. 포기하지 않고 계속 노력하는 모습에도 '전진하다'라는 말을 쓸 수 있어요.

등대 燈臺
燈: 등잔 등 | **臺**: 대 대

'등대'는 바닷가나 섬에 세워진, 불빛을 비추는 높은 탑이에요. 어두운 밤이나 안개 낀 날에 배가 길을 잘 찾을 수 있도록 불을 밝혀 줘요. 등대 덕분에 배가 바위에 부딪치지 않고 안전하게 항구로 들어올 수 있어요.

兎 死 狗 烹
토사구팽

'토끼를 잡으면 사냥개도 쓸모없게 되어 주인에게 삶아 먹히게 된다.'는 뜻으로, 필요할 때는 이용하다가 필요 없어지면 차갑게 버리는 경우에 쓰는 말이에요. 주로 사람을 도구처럼 대할 때 사용해요.

- **토사구팽**을 일삼는 사람 밑에는 좋은 사람이 남지 않아.
- 사람을 대할 때는 **토사구팽**하지 않도록 주의해야 해요.
- 선거가 끝났다고 공약을 안 지키다니! 국민이 **토사구팽** 당한 꼴이다.

아주 오래전, 중국의 춘추 시대 때 이야기예요.

월나라에는 범려와 문종이라는 두 명의 뛰어난 신하가 있었어요.

둘은 왕을 도와 **치열한** 전쟁에서 놀라운 전략으로 큰 공을 세웠지요.

왕은 그 공을 인정해 두 사람에게 높은 벼슬과 큰 상을 내렸어요. 하지만 범려는 마음이 편치 않았어요. '전쟁이 끝났으니, 이제 왕에게 가장 무서운 존재는 바로 공을 세운 신하들일 거야. 왕의 눈에 우리는 더 이상 충신이 아니라 위협이 될지도 몰라…….'

이런 생각을 한 범려는 아무에게도 알리지 않고 조용히 떠났어요. **행선지**는 바로 이웃나라인 제나라였지요.

그는 정치와 권력을 버리고 상인이 되어 새로운 삶을 살기로 결심했답니다. 하지만 한 가지 마음에 걸리는 게 있었어요. 바로 친구 문종이었어요. 범려는 문종에게 급히 편지를 보냈어요.

새를 다 잡고 나면 활은 창고에 버려지고,
토끼가 다 잡히면 사냥개는 삶아 먹힌다.

이 말은 곧, "너도 어서 도망쳐야 해."라는 경고였지요. 하지만 문종은 쉽게 결정을 내리지 못했어요. 왕을 향한 충성심과 범려의 조언 사이에서 괴로워하며 망설였지요.
결국 그는 떠나지 못했고, 시간이 흐를수록 왕의 마음은 점점 싸늘해졌습니다. 그러다 결국, 문종은 왕의 의심을 사게 되었고, 억울한 **누명**을 뒤집어쓴 채 스스로 목숨을 끊고 말았지요.
이 비극적인 이야기에서 유래한 말이 바로 '토사구팽'입니다.

 **문해력 쑥쑥 낱말 공부**

치열하다 기세나 힘이 아주 세고, 경쟁이나 싸움이 매우 뜨거울 때 쓰는 말이에요. 서로 이기려고 조금도 물러서지 않고 힘껏 싸우거나 겨룰 때 사용해요. 운동 경기, 토론, 경쟁, 시험 등에서 자주 쓰이는 말이에요.
예) 좋은 자리를 차지하려는 경쟁이 아주 **치열했어요.**

행선지 어디로 가는지를 나타내는, 떠나가는 목적지를 말해요. 한자로 '행(行)'은 '간다', '선(先)'은 '앞', '지(地)'는 '곳'이나 '장소'를 뜻해요. 그래서 행선지는 앞으로 가게 될 곳, 즉 가려는 장소를 나타내는 말이 되는 거예요. 주로 여행, 이사, 출장을 갈 때 어디로 가는지 말할 때 사용해요.
예) 그는 **행선지**를 밝히지 않고 떠났어요.

누명 하지도 않은 일을 했다고 억울하게 의심받거나 욕을 먹는 것을 말해요. 사실이 아닌 일 때문에, 죄가 없는데도 나쁜 사람으로 보이게 되는 경우에 써요. 예를 들어, 친구가 한 일을 내가 했다고 오해를 받았을 때 '누명을 썼다.'라고 해요. '억울한 오해'와 비슷한 뜻으로 써요.
예) 그는 친구의 잘못으로 인해 억울하게 **누명**을 썼어요.

한자 뜯어보기

兔 토끼 토	兔	兔	兔
死 죽을 사	死	死	死
狗 개 구	狗	狗	狗
烹 삶을 팽	烹	烹	烹

불사조 不死鳥
不: 아닐 불 | **死**: 죽을 사 | **鳥**: 새 조
죽지 않고 다시 살아나는 전설 속의 새예요. 몸이 불에 타서 없어졌다가도 다시 살아나서 날아오르는 신비한 새로 알려져 있어요. 그래서 아주 힘든 일을 겪고도 다시 일어나는 사람을 '불사조 같다'고 표현하기도 해요.

백구 白狗
白: 흰 백 | **狗**: 개 구
온몸의 털이 하얀 개를 말해요. 멀리서 보면 눈처럼 하얀 털이 반짝반짝 빛나서 금방 알아볼 수 있어요. '황구'는 털빛이 누렇거나 노란 개를 말해요.

口 蜜 腹 劍
구밀복검

'입에는 꿀이 있고 뱃속에는 칼이 있다.'는 뜻으로, 겉으로는 다정하고 친절하게 말하지만 속으로는 해칠 마음을 품고 있다는 말이에요. 주로 겉과 속이 다른 사람을 경계할 때 사용해요.

- 저 사람은 겉으로는 친절해 보여도 **구밀복검**일지 모르니 조심해.
- 말은 번드르르한데 믿음이 안 가요. **구밀복검**일지도 모르니 잘 생각해 보세요.
- 일본은 우리나라를 친구라고 하면서 독도를 자기네 땅이라고 우기는 **구밀복검**의 태도를 보인다.

중국 당나라의 현종은 처음에는 매우 훌륭한 임금이었어요. 혼란스러웠던 정치를 바로잡고, 백성들이 편히 살 수 있도록 애썼지요.

그런데 시간이 흐르면서 현종은 점점 술과 놀이에 빠지게 되었어요. 특히 당시 손꼽히는 미인이었던 양귀비를 만난 뒤로는 나랏일에는 아예 관심을 두지 않았답니다.

그때 궁궐에는 이임보라는 신하가 있었어요. 이임보는 왕이 사랑하는 양귀비에게 잘 보여 나라의 중요한 일을 맡아 보는 재상 자리에까지 올랐어요.

하지만 이임보는 신하들이 왕에게 바른 말을 하지 못하게 막았고, 백성들의 **하소연**조차 왕에게 닿지 못하게 했어요.

게다가 자신보다 똑똑하거나 실력이 뛰어난 사람들을 질투하고 미워했어요. 혹시라도 자신의 자리를 빼앗길까 봐 두려워서, 그런 사람들을 **은밀하게** 없애기도 했답니다.

그래서 궁궐 사람들은 모두 이임보를 두려워했어요. 이임보는 무려 십구 년 동안이나 재상의 자리에 앉아, 나라를 자기 마음대로 움직였어요.

겉으로는 충성스러운 신하처럼 행동했지만, 실제로는 권력을 쥐고 백성들을 괴롭힌 **간신**이었지요.

사람들은 이임보를 두고 이렇게 말했어요.

"입으로는 꿀처럼 달콤한 말을 내뱉지만, 뱃속에는 날카로운 칼을 품고 있다."

겉과 속이 너무나도 다른, 정말 무서운 간신을 딱 맞게 표현한 말이지요.

 문해력 쑥쑥 낱말 공부

하소연 억울하거나 힘든 일을 다른 사람에게 말하는 것을 뜻해요. 답답한 마음이나 속상한 사정을 털어놓으며 자신의 어려움을 알아주었으면 하는 마음이 담겨 있어요. 때로는 도움을 바라는 마음으로 하기도 하는데, 듣는 사람은 부담스럽게 느낄 수 있어요.
예) 나는 속상한 마음을 엄마에게 <u>하소연</u>을 하며 눈물을 쏟았다.

은밀하다 한자로 '은(隱)'은 '숨다', '밀(密)'은 '빽빽하다'는 뜻이에요. 숨어 있어서 겉으로 드러나지 않는 것을 말해요. 그래서 '은밀하다'는 말에는 다른 사람이 눈치채지 못하도록 몰래 하는 것이라는 뜻이 담겨 있어요. 나쁜 일을 몰래 할 때도 쓰고, 조심스럽게 비밀을 지켜야 할 때도 써요.
예) 그들은 <u>은밀하게</u> 비밀 작전을 준비했어요.

간신 겉으로는 착한 척하지만, 속으로는 나쁜 마음을 품고 있는 신하를 뜻해요. 한자로 '간(奸)'은 '간사하다', 즉 '속이 검고 나쁜 꾀를 부리다'는 뜻이고, '신(臣)'은 '임금을 모시는 신하'를 뜻해요. 그래서 간신은 임금 곁에서 거짓으로 충성하는 척하면서 나라를 망치게 하는 나쁜 신하를 이르는 말이 되었어요.
예) <u>간신</u>의 말만 믿었던 임금은 결국 나라를 어지럽히고 말았어요.

한자 뜯어보기

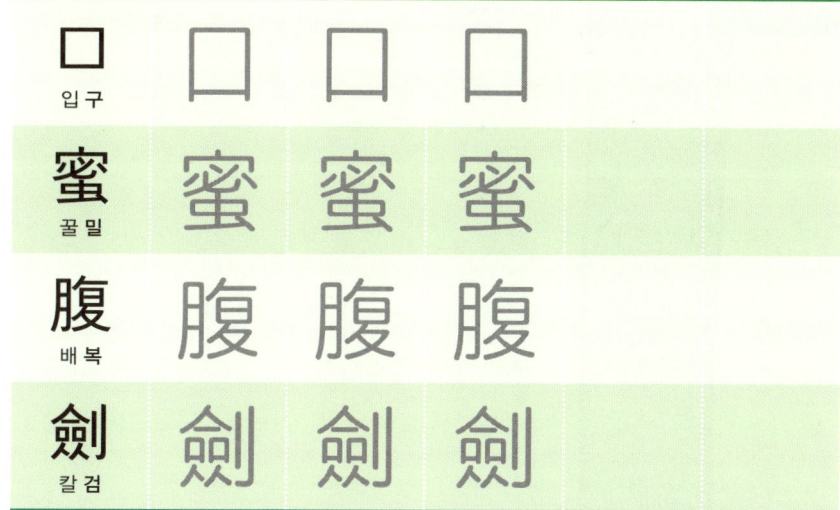

밀랍 蜜蠟
蜜: 꿀 밀 | **蠟**: 밀랍 랍(납)
꿀벌이 만드는 말랑말랑한 노란 기름 같은 물질이에요. 벌이 집을 지을 때 사용하는 재료로, 이걸로 벌집의 벽이나 칸을 만들어요. 사람들은 밀랍을 이용해 양초를 만들기도 하고 인형이나 인물 조각을 만들기도 해요.

복통 腹痛
腹: 배 복 | **痛**: 아플 통
배가 아픈 것을 말해요. 배가 속이 쓰리거나 콕콕 쑤시듯 아플 수 있어요. 음식을 잘못 먹었거나 너무 급하게 먹었을 때, 또는 스트레스를 받았을 때 복통이 생길 수 있어요.

검술 劍術
劍: 칼 검 | **術**: 재주 술
칼을 사용하는 기술이나 방법을 말해요. 검을 들고 싸우는 동작과 기술을 모두 포함해요. 무협 영화나 사극에서 사람들이 멋지게 칼을 휘두르는 장면이 바로 검술이에요.

3장
늘 즐거운 일만 있을 수는 없지!

용두사미 | 조삼모사 | 함흥차사 | 지록위마
부화뇌동 | 계륵 | 연목구어

龍 頭 蛇 尾
용두사미

'용의 머리와 뱀의 꼬리'라는 뜻으로, 처음 시작은 그럴듯하고 좋았지만 끝으로 갈수록 점점 나빠지는 경우에 쓰는 말이에요. 주로 마무리가 엉성하거나 흐지부지 끝날 때 사용해요.

- 네 계획이 **용두사미**에 그치지 않도록 열심히 노력하거라.
- 시작은 그럴싸한데 끝이 흐지부지되면 **용두사미**라고 비난받을 거야.
- 어제 본 영화는 처음에는 재미있었는데 갈수록 **용두사미**가 되더라.

옛날 중국 송나라에 용흥사라는 절이 있었어요. 그 절에는 진존자라는 지혜로운 스님이 살고 있었지요. 진존자 스님이 어느 날 도를 닦다가 큰 깨달음을 얻었지요. 그래서 "이제부터는 부처님의 말씀을 세상에 전하자!" 하고 결심하고 전국을 떠돌았어요.

그는 시간 여유가 있을 때마다 짚신을 만들어서 길가에 놔두고 가곤 했어요. 그걸 본 한 나그네가 물었어요.

"스님, 왜 멀쩡한 짚신을 그냥 버리십니까?"

진존자 스님은 웃으며 말했어요.

"혹시 짚신이 닳아 곤란한 나그네가 있으면 도움이 될까 해서지요."

어느 날, 진존자 스님은 다른 스님을 만나 선문답을 나누게 되었어요.

그런데 진존자 스님이 질문을 하자, 다른 스님이 대답 대신 "에헴!" 하고 호통을 치며 목소리를 높였어요. 다시 물어도 그 스님은 "에헴!" 하고 크게 소리만 칠 뿐, 아무런 대답도 하지 않았지요.

그러자 진존자 스님이 이렇게 말했어요.

"스님께서는 자신을 마치 용처럼 보이려 하지만, 아무래도 진짜 용은 아닌 듯합니다."

그 말을 들은 나그네 스님이 다시 한번 호통을 치자 진존자 스님이 차분하게 말했어요.

"허세 섞인 호통만 치지 마시고, 차라리 문답을 여기서 마무리하시는 게 어떻겠습니까?"

그러자 나그네 스님은 마치 뱀이 조용히 몸을 숨기듯, 아무 말 없이 자리를 떠나 사라지고 말았답니다.

 **문해력 쑥쑥 낱말 공부**

선문답 선문답의 원래 의미는 불교에서 사람들이 진리를 찾기 위해 주고받는 대화예요. 이 대화는 답을 주는 것이 아니라, 질문과 답을 나누다가 저절로 깨달음을 얻게 되는 방식이지요. 그런데 이런 본뜻과는 달리 엉뚱한 이야기를 서로 주고받는 걸 놀릴 때도 선문답이란 말을 써요.
예) 두 스님은 **선문답**을 나누며 진리를 깨달으려 했어요.

호통 몹시 화가 나서 크게 소리 지르거나 꾸짖는 것을 말해요. 예를 들어, 엄마가 정리 정돈을 하지 않은 아이에게 화를 낼 때처럼요. 보통 화를 참지 못하고 크게 소리 지를 때 '호통을 친다'고 해요. 그리고 그때 나오는 큰 소리도 '호통'이라고 해요.
예) 그 일을 아버지가 알면 **호통**이 떨어질 것이다.

허세 허세는 실속 없이 겉으로만 드러나 보이는 강한 모습이나 태도를 말해요. 한자로 '허(虛)'는 '비어 있다, 실속이 없다'는 뜻이고, '세(勢)'는 '힘'이나 '모양'을 뜻해요. 그래서 허세는 실제로는 실력이 없지만, 겉으로만 강하거나 대단한 척하는 것을 뜻하게 되었어요. 자신을 뽐내려고 하는데, 실제로는 그만큼의 능력이 없을 때 쓰여요.
예) **허세**를 부리며 큰소리쳤지만, 아무것도 할 수 없었어요.

- 한자 뜯어보기

두개골 頭蓋骨
頭 : 머리 두 | 蓋 : 덮을 개 | 骨 : 뼈 골
사람이나 동물의 머리 속을 감싸고 있는 단단한 뼈예요. 이 뼈는 우리의 뇌를 보호하는 중요한 역할을 해요. 딱딱하고 튼튼해서 머리를 다쳤을 때 뇌가 다치지 않도록 지켜 줘요.

독사 毒蛇
毒 : 독 독 | 蛇 : 뱀 사
독이 있는 뱀을 말해요. 이 뱀이 물거나 독을 뿌리면 다른 동물이 다치거나 아플 수 있어요. 그래서 숲이나 들에서 독사를 만나면 가까이 가지 말고 조심해야 해요.

구미호 九尾狐
九 : 아홉 구 | 尾 : 꼬리 미 | 狐 : 여우 호
전설 속에 나오는 여우로, 꼬리가 아홉 개 달린 특별한 여우예요. 아주 오래 산 여우라야 구미호가 된다고 전해져요. 사람으로 변신하는 능력을 가지고 있어요. 무섭게 그려질 때가 많지만, 착한 구미호 이야기도 있어요.

朝 三 暮 四
조삼모사

아침에 세 개, 저녁에 네 개라는 뜻으로, 겉으로 보이는 차이만 알고 실제로는 결과가 같다는 것을 모를 때 쓰는 말이에요. 주로 눈앞의 이익이나 차이만 보고 본질을 놓칠 때 사용해요.

- **조삼모사**라더니 눈앞의 이득에 속아 넘어갔어요.
- 선생님은 그 학생의 선택이 결국 **조삼모사**였다고 설명했어요.
- 우리 팀은 **조삼모사**인 줄 알면서도 결국 작은 이득을 선택했어요.

　　　옛날 중국 송나라에 저공이라는 사람이 살고 있었어요.
　그는 원숭이를 무척 사랑했어요. 처음에는 한두 마리만 키우다 시간이 지나면서 점점 늘어나, 여러 마리의 원숭이를 돌보게 되었지요.
　하지만 저공은 넉넉한 형편이 아니었어요. 농사일이나 사냥을 해서 겨우 가족들 먹을 만큼의 음식을 **마련하는** 정도였지요. 그런데도 원숭이를 너무 좋아해 가족 몫을 줄이면서까지 원숭이들 먹이를 챙겨 주었답니다.
　"굶기면 안 되잖아. 다 소중한 생명이니까."
　저공은 이렇게 말하곤 했지요.
　그러던 어느 해, 농사를 망쳐 사람 먹을 **양식**도 부족했어요.

저공은 결국 원숭이들 먹이를 줄이기로 결심했어요. 하루에 일곱 개의 먹이밖에 줄 수 없게 되자, 원숭이들이 화를 낼까 봐 걱정이 되었어요.

오랜 고민 끝에, 저공이 원숭이들에게 조심스럽게 말했어요.

"얘들아, 이제부터는 아침에 세 개, 저녁에 네 개를 줄게. 괜찮지?"

그러자 원숭이들이 **웅성이며** 불만을 나타냈습니다.

저공은 잠시 생각하더니 다시 말했어요.

"그럼 이렇게 해 보자. 아침에 네 개, 저녁에 세 개, 이건 어때?"

그러자 원숭이들은 금세 기뻐하며 고개를 끄덕였어요.

하지만 아침에 세 개, 저녁에 네 개나 아침에 네 개, 저녁에 세 개나 결국 하루에 먹는 양은 똑같이 일곱 개예요.

이 이야기는 겉모습이나 당장의 이익만 따지지 말고 전체를 정확히 보고 판단해야 한다는 것을 가르쳐 주고 있어요.

마련하다 어떤 것을 미리 준비하고 갖추는 것을 말해요. 필요한 것을 잘 생각해서 준비하거나 준비물을 갖출 때 사용해요. 일을 시작하기 전에 필요한 것들을 미리 준비해 두면 나중에 일이 더 쉽게 풀리고, 걱정할 일이 줄어들어요.
예) 선생님은 수업을 위해 자료를 **마련하셨어요.**

양식 사람이 살아가기 위해 꼭 필요한 먹을거리를 말해요. 하지만 지식이나 생각의 바탕이 되는 것을 비유적으로 말할 때도 있어요. 그래서 '양식'은 음식뿐만 아니라 마음이나 머릿속을 채우는 데 필요한 것까지 뜻하지요. 한식과 반대되는 '양식'은 서양 음식을 뜻하는데, 한자가 달라서 뜻도 다르답니다.
예) 책은 마음의 **양식**이 되어 사람의 생각을 키워 줘요.

웅성이다 여러 사람이 모여서 소란스럽게 떠드는 것을 뜻해요. 사람들이 모여서 떠들거나 시끄럽게 이야기할 때 '웅성웅성' 소리가 나는 걸 나타낸 말이지요. 많은 사람들이 한곳에 모여 있을 때는 주변이 시끄럽고, 말소리가 끊이지 않아요.
예) 동네 사람들이 마을 회관에 가득 모여 **웅성이고** 있다.

• 한자 뜯어보기 •

朝 아침 조	朝	朝	朝	
三 석 삼	三	三	三	
暮 저물 모	暮	暮	暮	
四 넉 사	四	四	四	

조식 朝食
朝: 아침 조 | **食: 밥 식, 먹을 식**
아침에 먹는 밥이나 음식을 말해요. 하루를 시작하는 첫 끼니라서 몸에 힘을 주고 활기차게 하루를 시작하는 데 도움이 돼요. 하루에 아침, 점심, 저녁으로 먹는 세 끼를 각각 조식, 중식, 석식이라고 불러요.

삼국지 三國志
三: 석 삼 | **國: 나라 국** | **志: 뜻 지**
옛 중국에 있었던 세 나라, 위(魏), 촉(蜀), 오(吳)가 서로 싸우며 천하를 다스리려 했던 이야기를 담은 책이에요. 지혜로운 책사, 용감한 장군, 의리 깊은 인물들이 등장해서 서로 싸우고 힘을 합치는 장면들이 많아요. 관우, 장비, 유비 같은 인물들이 나와서 서로 도우며 활약하는 이야기로 전쟁과 우정, 삶의 지혜에 대한 이야기가 가득 담겨 있어요.

함흥차사

咸 興 差 使

함흥에 간 차사처럼, 심부름 간 사람이 아무 소식이 없거나 기다려도 회답이 없을 때 쓰는 말이에요. 주로 누구에게 부탁이나 연락을 했는데, 오래 기다려도 아무 소식이 없을 때 사용해요.

- 콩나물을 사러 간 연희는 한 시간째 **함흥차사**구나.
- 영민이와 협상하고 오겠다던 희수는 세 시간째 **함흥차사**다.
- 영철이는 물을 가지러 대체 어디까지 간 거니? 왜 **함흥차사**야?

'함흥차사'의, '함흥'은 현재 북한의 함경남도 지역을 가리키고, '차사'는 왕명을 받들어 중요한 임무를 수행하러 **파견되는** 사신을 의미해요. 그럼 이 말에 얽힌 이야기를 들어 볼까요?

조선을 세운 태조 이성계에게는 부인이 여럿 있었어요. 그중에서도 두 번째 부인인 신덕 왕후 강씨를 특히 아꼈다고 해요.

그런데 옛날에는 왕위를 장남이나 첫 번째 부인의 아들에게 물려주는 것이 원칙이었어요. 하지만 이성계는 신덕 왕후의 아들에게 왕위를 물려주려 했고, 그 일 때문에 왕자들과 많은 신하들이 목숨을 잃는 큰 사건이 벌어졌지요.

이 일로 화가 난 이성계는 왕위를 둘째 아들인 방과(훗날 정종)에게 물려주고, 홀로 함흥으로 가 버렸어요. 하지만 정종도 오래 **재위하지** 못하고, 결국 **이복동생**인 이방원(훗날 태종)에게 왕위를 넘기게 되었지요.

　태종은 아버지를 다시 궁으로 모셔 오고 싶었어요. 그래서 여러 명의 차사를 함흥에 보냈지요. 하지만 아버지 이성계는 끝내 궁으로 돌아오지 않았고, 심지어 차사들도 아무 소식 없이 돌아오지 않았어요.

　그렇게 무려 십 년 동안이나 아무런 소식이 없었다고 해요.

　이 일에서 유래해 생긴 말이 바로 '함흥차사'예요.

　함흥에 간 차사처럼, 한번 가면 아무 소식도 없이 돌아오지 않는 사람을 가리킬 때 쓰는 말이랍니다.

 **문해력 쑥쑥 낱말 공부**

파견되다 특별한 일이나 임무를 하기 위해 어떤 사람을 다른 곳으로 보내는 것을 말해요. '파(派)'는 '물줄기가 갈라지는 갈래'를 뜻하고, '견(遣)'은 '보내다'는 뜻이에요. 그래서 '파견되다'는 어떤 조직에서 사람을 나누어 다른 곳으로 보내는 것을 뜻해요.
예) 김 대리는 해외 지사에 **파견되었다.**

재위하다 임금의 자리에 있다는 뜻이에요. 한자로 '재(在)'는 '있다, 존재하다'는 뜻이고, '위(位)'는 '자리, 지위'를 뜻해요. 그래서 '재위하다'는 임금이나 왕이 자리에 앉아 나라를 다스리는 것을 뜻하게 되었어요. 주로 왕이나 임금이 그 자리에 있을 때 쓰는 말이에요.
예) 왕은 20년 동안 **재위하며** 나라를 다스렸어요.

이복동생 아버지는 같고 어머니가 다른 동생을 말해요. 한자로 '이(異)'는 '다르다', '복(腹)'은 '어머니의 뱃속'을 뜻해요. 따라서 이복동생은 아버지는 같지만 어머니가 다른 동생이에요. '이복형제'는 아버지는 같고 어머니가 다른 형제를, '이복자매'는 아버지는 같고 어머니가 다른 자매를 말해요.
예) 그는 내 **이복동생**이라 어머니가 다르지만, 아버지는 같아요.

"폐하, 제가 바치는 말이옵니다."

호해가 "이건 사슴이오!" 하고 놀라자, 조고는 "믿기 어려우시다면 신하들에게 물어보시지요."라고 말했어요.

그러자 대부분의 신하들은 조고가 두려워 "말입니다."라고 대답했고, 몇몇 정직한 신하들만이 "사슴입니다."라고 하거나 아예 대답을 피했어요.

결국 조고는 정직한 신하들을 모두 제거해 버렸지요.

이 일에서 나온 말이 바로 '지록위마'예요. 진짜를 거짓이라고 하거나 거짓을 진짜처럼 속이는 상황을 가리킬 때 쓰는 말이에요.

조고는 그 뒤로도 마음대로 권력을 휘둘렀어요. 백성들의 불만은 점점 커졌고, 여기저기서 반란이 일어나 나라가 무척 혼란스러웠지요.

결국 항우와 유방의 군대가 수도 함양 가까이까지 오자, 조고는 황제 호해를 죽이고 그의 형 부소의 아들 자영을 새 황제로 세웠어요. 하지만 자영이 조고를 죽임으로써, 조고는 결국 자신의 욕심 때문에 비참한 최후를 맞게 되었답니다.

 문해력 쑥쑥 낱말 공부

환관 환관은 조선 시대에 임금의 시중을 들거나 밤에 궁궐을 지키는 일을 맡았던 남자예요. 임금의 가까운 곳에서 일하면서 임금의 일상생활을 돕는 중요한 역할을 했어요.
예) 조선 시대 **환관**은 임금의 일정을 관리했어요.

좌지우지하다 이리저리 제 마음대로 휘두르거나 다루는 것을 말해요. 한자로 '좌(左)'는 '왼쪽', '우(右)'는 '오른쪽'을 뜻하고, '지(之)'는 '~을' 또는 '그것'을 의미해요. 그래서 '좌지우지하다'는 왼쪽과 오른쪽으로 마음대로 다루거나 휘두른다는 뜻이에요. 주로 사람이나 상황을 자신이 원하는 대로 조종하거나 제어할 때 사용해요.
예) 그는 아랫사람들을 **좌지우지하며** 자기 맘대로 행동했어요.

계략 어떤 일을 이루기 위한 꾀나 수단을 말해요. 한자로 '계(計)'는 '계획하거나 계획을 세운다', '계산하다'는 뜻이고, '략(略)'은 '방법, 요령'을 뜻해요. 그래서 계략은 어떤 목표를 이루기 위해 사용하는 계획이나 방법을 의미해요. 남을 속이거나 교묘하게 일을 처리할 때와 같이 주로 부정적인 의미로 써요.
예) 그는 상대를 속이기 위해 **계략**을 세웠어요.

· 한자 뜯어보기 ·

지시하다 指示하다
指: 가리킬 지 | 示: 보일 시
무엇을 어떻게 해야 하는지 말해 주거나 시키는 것을 말해요. 주로 윗사람이 아랫사람에게 해야 할 일이나 방법을 알려 줄 때 사용해요. 어떤 일의 순서나 방향을 정해 주는 것도 '지시하다'에 포함돼요.

백록담 白鹿潭
白: 흰 백 | 鹿: 사슴 록 | 潭: 연못 담
제주 한라산 꼭대기 분화구에 있는 작고 아름다운 호수예요. '하얀 사슴이 뛰노는 연못'이라는 뜻이지요. 옛날 사람들은 한라산 꼭대기의 맑고 신비로운 연못에 하얀 사슴이 나타난다고 믿어서 이렇게 이름을 붙였대요.

행위 行爲
行: 다닐 행 | 爲: 할 위
사람이 의지를 가지고 하는 행동이나 하는 일을 말해요. 몸으로 하는 움직임뿐 아니라 생각이나 말, 결정 같은 것도 행위에 들어갈 수 있어요. 좋은 행위도 있고 나쁜 행위도 있어서, 우리가 어떤 의지를 가지고 행동을 하느냐가 중요해요.

附和雷同
부화뇌동

'우레 소리에 맞춰 함께한다.'는 뜻으로, 자기 생각 없이 남이 하는 대로 따라 하거나, 깊이 생각하지 않고 경솔하게 행동하는 태도를 말해요. 주로 줏대 없이 이리저리 휩쓸릴 때 사용해요.

- 모든 일에 **부화뇌동** 하지 말고, 신중해라.
- 남이 뭐라 한다고 해서 쉽게 **부화뇌동** 해서는 안 된다.
- 나쁜 일인 줄 알면서도 금방 찬성해 버리는 그의 **부화뇌동**에 화가 났다.

공자와 그의 제자들이 쓴 《예기》라는 책의 〈곡례〉에는 이런 말이 나옵니다.

"이야기에 쉽게 흔들리지 말고, 남의 말을 무턱대고 따라 하지 마라. 반드시 옛 성인의 말씀을 본보기로 삼아 말하라."

이 구절 속에 등장하는 말이 바로 '뇌동'입니다. 이 말은 천둥이 치자 온 세상이 함께 울리는 모습에서 유래했어요. 즉 남이 말하거나 행동하는 것을 깊이 생각하지 않고 그대로 따라 하는 태도를 뜻하지요.

처음에는 '뇌동'만으로도 충분했지만, 나중에는 '부화', 즉 '덧붙어 맞장구치다'는 뜻이 더해져 오늘날 우리가 자주 쓰는 '부화뇌동(附和雷同)'이라는 말이 되었어요.

《논어》의 〈자로 편〉에서도 비슷한 뜻의 말이 나옵니다.

"군자는 남과 조화를 이루되 아무 생각 없이 따르지 않고, 소인은 아무 생각 없이 따르되 진짜 조화를 이루지는 못한다."

이 구절 역시 생각 없이 남을 따르는 태도를 **경계한** 것이지요.

겉으로 보기에는 남들과 잘 어울리는 것 같지만, 자신만의 기준과 생각이 없다면 결국 스스로를 잃게 되고, 남의 말에 휩쓸려 옳고 그름을 제대로 판단하지 못하는 일이 벌어질 수 있어요.

그래서 우리는 언제나 마음속 중심을 잘 세우고, 스스로 옳고 그름을 따져 본 뒤 행동하는 태도가 필요하답니다.

 **문해력 쑥쑥 낱말 공부**

무턱대고 잘 생각하지 않고 서두르거나 무작정 행동하는 것을 뜻해요. 상황을 충분히 고려하지 않고 급하게 결정을 내리거나 준비 없이 시작할 때 사용해요. 특히 신중함이 필요한 상황에서 함부로 행동하거나, 결과를 예상하지 않고 덮어놓고 하려 할 때 자주 써요.
예) 잘 생각해 봐! **무턱대고** 덤비지 말고.

본보기 '본(本)'은 한자로 '기본, 근본'을 뜻해요. 따라서 본보기는 옳거나 훌륭한 예시로, 다른 사람들이 보고 배울 수 있는 것을 말해요. 또한 어떤 일을 설명하거나 보여 주기 위해 예시로 제시하는 것도 본보기예요. 본보기는 쓰임에 따라 '모범', '예시', '샘플'이라는 낱말들을 대신할 수 있어요.
예) 그는 항상 정직하게 행동해서 친구들에게 **본보기**가 되었어요.

경계하다 뜻밖의 사고가 생기지 않도록 조심하고, 잘못된 일이 일어나지 않게 주의하는 것을 말해요. 또 다른 사람들이 잘못하지 않도록 타일러서 조심하게 하거나, 위험한 상황이 생기지 않도록 주의하게 하는 거예요.
예) 선생님은 우리가 다치지 않도록 항상 주변을 **경계하셨어요.**

- 한자 뜯어보기

부속품 附屬品
附: 붙을 부 | 屬: 무리 속 | 品: 물건 품
어떤 물건에 딸려 있어서 함께 쓰는 작은 부분이나 조각을 말해요. 혼자서는 잘 쓰이지 않지만, 기계나 물건이 제대로 작동하도록 도와주는 역할을 해요.

화해 和解
和: 화목할 화 | 解: 풀 해
싸우거나 사이가 나빴던 사람들이 다시 사이좋게 지내는 것을 말해요. 서로에게 미안한 마음을 전하거나 오해를 풀고, 다시 친해지는 것이지요. 친구랑 싸운 뒤에 "미안해." 하고 웃으며 다시 이야기하면 그게 바로 화해예요.

피뢰침 避雷針
避: 피할 피 | 雷: 우레 뢰(뇌) | 針: 바늘 침
벼락이 떨어졌을 때 사람이나 건물이 다치지 않도록 막아 주는 금속 막대예요. 건물의 가장 높은 곳에 뾰족하게 세워 두고, 번개의 전기를 땅속으로 흘려보내서 피해를 막아요.

鷄肋
계륵

'닭의 갈빗대'라는 뜻으로, 살이 별로 없어 먹자니 별로고 버리자니 아까운 닭의 갈빗대처럼, 그만두자니 아깝고 계속하기에는 별로인 일이나 사람 사이의 관계를 말할 때 써요.

- 기름값이 너무 올라 차를 탈 수도 없고, 팔 수도 없고. **계륵**이 따로 없군.
- 정리 정돈을 잘하려면 **계륵** 같은 물건은 버리고, 꼭 필요한 물건만 두어야 한다.
- 어릴 때 읽던 동화책은 남 주긴 아깝고, 둬도 안 볼 테니, 한마디로 **계륵**이야!

이 이야기는 중국의 《후한서》에 나오는 내용이에요.

조조가 유비를 치기 위해 중국의 요충지인 한중 지역을 공격했어요. 한중은 산시성 남쪽, 한수이강 북쪽 기슭에 있는 지방으로, 한나라 고조 유방이 힘을 키우던 곳으로 유명했지요.

그런데 막상 한중에 들어가 보니, 상황이 생각보다 훨씬 복잡했어요. 군대를 계속 이끌고 나아가기도 힘들고, 쉽게 물러나기도 어려운 상황이었죠. 그래서 조조는 마음이 무척 복잡했어요.

그러던 어느 날 저녁, 조조가 닭고기 요리를 먹고 있었어요. 그때 부하 한 명이 들어와 물었어요.

"장군님, 오늘 밤 암호는 무엇으로 하시겠습니까?"

전쟁 중에는 밤마다 암호를 정해 적과 아군을 구분했어요. 그래야 적군이 숨어들어도 바로 알아차릴 수 있거든요.

조조는 닭갈비를 들고 생각에 잠기더니 이렇게 대답했어요.

"오늘 밤 암호는 '계륵'이다."

그는 조조의 말을 듣자마자 병사들에게 군대를 되돌릴 준비를 하라고 지시했어요. 사람들은 깜짝 놀라 물었어요.

"아니, '계륵'이라는 말만 듣고 물러나다니요?"

"계륵, 그러니까 닭의 갈비뼈는 살이 별로 없어서 먹자니 맛이 없고, 버리자니 아까운 것이지요. 지금 장군께서는 한중 땅을 그런 마음으로 보고 계신 겁니다. 이쯤에서 물러나는 게 낫겠다고 생각하신 거예요."

사람들은 고개를 갸웃했지만, 며칠 뒤 조조는 정말로 군대를 물리라는 명령을 내렸어요. 결국 그 말이 정확히 맞았던 거예요.

 **문해력 쑥쑥 낱말 공부**

요충지 군사적으로 매우 중요한 장소를 말해요. 한자로 '요(要)'는 '중요하다, 필수적이다'는 뜻이고, '충(衝)'은 '찌르다, 돌파하다'는 뜻이에요. '지(地)'는 '곳이나 장소'를 의미해요. 따라서 요충지는 군사 전략적으로 중요한 역할을 하는 곳을 의미하는 것이지요.
예) **요충지**를 장악하면 전쟁에서 유리한 고지를 차지한 거예요.

기슭 산이나 언덕, 지붕처럼 비탈진 곳의 아래쪽 부분을 말해요. 또 바다나 강처럼 물과 닿아 있는 땅을 가리킬 때도 있어요.
예) 우리는 지리산 **기슭**에 있는 작은 마을에 도착했어요.

아군 자기편에 서서 함께 싸우는 군대나 사람들을 뜻해요. 한자로 '아(我)'는 '나' 또는 '우리'를, '군(軍)'은 '군대'를 의미해요. 전쟁이나 싸움에서 내 편이 되어 힘을 합쳐 주는 군대나 사람들을 모두 아군이라고 불러요. 서로 믿고 도우면서 함께 싸우는 관계이지요.
예) **아군**이 도착해 힘을 합치자 전세가 뒤집혔어요.

• 한자 뜯어보기

鷄 닭 계	鷄	鷄	鷄	
肋 갈빗대 륵	肋	肋	肋	

삼계탕 蔘鷄湯
蔘: 인삼 삼 | **鷄**: 닭 계 | **湯**: 끓일 탕
어린 닭 한 마리를 통째로 넣고 끓인 음식이에요. 닭 속에 찹쌀, 마늘, 대추, 인삼 같은 건강에 좋은 재료를 넣어요. 주로 여름철에 더위를 이기기 위해 먹는 음식으로, 몸에 힘을 북돋아 준다고 해요.

늑골 肋骨
肋: 갈빗대 늑(륵) | **骨**: 뼈 골
사람이나 동물의 가슴 안쪽을 둘러싸고 있는 뼈, 즉 갈비뼈를 말해요. 가슴 안에 있는 심장과 폐 같은 중요한 기관들을 보호하는 역할을 해요. 늑골은 왼쪽과 오른쪽에 여러 개씩 나란히 붙어서 가슴 모양을 둥글게 만들어요. 늑골에 금이 가면 숨 쉴 때 많이 아플 수 있어요.

연목구어 緣木求魚

'나무에 올라가서 물고기를 구한다.'는 뜻으로, 도저히 될 수 없는 일을 억지로 하려 하거나, 방법이 잘못되어 목적을 이룰 수 없는 상황을 비유하는 말이에요. 주로 방향이나 방법이 엉뚱할 때 사용해요.

- 편식을 하면서 튼튼해지고 싶어 하다니, 그건 **연목구어**야.
- 공부도 하지 않으면서 성적이 오르기를 기대하는 것은 **연목구어**다.
- 채린이의 돌아선 마음을 되돌리려 하는 건 **연목구어**와 같은 일이다.

공자와 함께 중국을 대표하는 사상가로 알려진 맹자는 쉰 살이 넘은 나이에도 여러 나라를 다니며 착한 정치를 알리려 했어요. 하지만 그때는 힘과 **술수**로 경쟁하던 전국 시대였기 때문에, 사람들은 오히려 **무력**으로 다스리는 강한 정치를 원했답니다.

하지만 맹자는 희망을 품고 강국인 제나라를 찾아갔어요. 제나라 선왕은 천하 통일의 **야심**을 가진 왕이었어요. 그는 맹자에게 이렇게 물었어요.

"춘추 시대에 천하를 다스렸던 제나라 환공과 진나라 문공에 대해 어떻게 생각하오?"

질문의 속뜻을 알아챈 맹자는 조용히 되물었어요.

"폐하께서는 전쟁을 일으켜 백성의 생명을 위태롭게 하고, 이웃 나라와 원수가 되는 것을 원하십니까?"

선왕은 "그렇지는 않지만, 내게는 큰 뜻이 있소."라고 말했어요.

맹자가 "큰 뜻이 무엇입니까?" 하고 묻자, 선왕은 선뜻 답하지 못했어요.

그러자 맹자가 말했어요.

"폐하의 큰 뜻은 무력으로 천하를 통일하려는 것이겠지요. 그러나 무력으로 사람들의 마음을 얻고 나라를 다스리려는 것은, 마치 나무에 올라가 물고기를 구하려는 것과 같습니다. 잘못된 방법으로는 아무리 뜻이 훌륭해도 이루어지지 않으며, 오히려 나라를 망하게 할 수도 있습니다."

맹자는 선왕에게 힘으로 천하를 얻으려는 것은 어리석은 일이며, 백성을 위한 정치가 진짜 천하를 다스리는 길이라고 조언했어요.

이 이야기에서 나온 말이 바로 '연목구어'예요. 나무에 올라가서 물고기를 구하려는 것처럼 방향이 잘못된 노력은 아무 소용이 없다는 뜻이랍니다.

 문해력 쑥쑥 낱말 공부

술수 어떤 일을 이루기 위해 몰래 꾸미는 꾀나 방법을 말해요. 보통 상대를 속이거나 자기에게 유리하게 하려고 쓰는 꾀를 뜻해요. 한자로 '술(術)'은 '기술, 꾀', '수(數)'는 '셈, 방법'이라는 뜻이에요. 그래서 '술수'는 겉으로는 보이지 않지만 속으로 꾸미는 방법이나 수단을 말해요.
예) 그 사람은 온갖 **술수**를 쓰더니 결국 들키고 말았어요.

무력 한자로 '무(武)'는 '싸우다, 무기를 들다'는 뜻이고, '력(力)'은 '힘'을 뜻해요. 그래서 무력은 군대나 무기를 이용한 힘, 또는 몸으로 때리거나 부수는 힘을 말해요. 주로 전쟁이나 싸움에서 쓰는 강한 힘을 뜻해요.
예) 문제를 해결하기 위해 **무력** 대신 대화를 선택했어요.

야심 마음속에 크고 멋진 목표를 이루고 싶어 하는 욕심이나 바람을 말해요. 대통령이 되고 싶다거나, 아주 유명한 사람이 되고 싶다는 생각도 야심이에요. 또한 어떤 사람이 자기 이익만 생각하며 남을 해치려는 마음을 가질 때도 '야심이 있다'고 해요.
예) 그는 꼭 성공하겠다는 **야심**을 가지고 노력했어요.

한자 뜯어보기

縁 인연 연	緣	緣	緣
木 나무 목	木	木	木
求 구할 구	求	求	求
漁 물고기 어	漁	漁	漁

천생연분 天生緣分
天: 하늘 천 | 生: 날 생 | 緣: 인연 연 | 分: 나눌 분
하늘이 정해 준 인연이라는 뜻이에요. 서로 정말 잘 어울리고 잘 맞는 사람들 사이의 특별한 인연을 말해요. 주로 결혼한 부부나 아주 친한 사이를 칭찬할 때 사용해요.

추구 追求
追: 쫓을 추 | 求: 구할 구
자기가 원하는 것을 얻기 위해 계속 노력하는 것을 말해요. 꿈, 행복, 성공처럼 쉽게 얻을 수 없는 것을 목표로 삼고 열심히 따라가는 거예요.

어물전 魚物廛
魚: 물고기 어 | 物: 만물 물 | 廛: 가게 전
생선, 해산물, 김, 미역 같은 바다에서 나는 먹을거리를 전문으로 파는 가게예요. 시장이나 마트에 있는 어물전에서 싱싱한 재료를 골라 집에서 요리를 해서 먹을 수 있어요.

4장
사람들과 어우려져 살고 있지!

관포지교 | 결초보은 | 동병상련 | 다반사
의기양양 | 백발백중 | 단도직입 | 촌철살인

관포지교

管鮑之交

'관중과 포숙의 사귐'이라는 뜻으로, 중국 옛이야기에 나오는 관중과 포숙처럼 서로 허물없이 지내고 믿음이 깊은 아주 친한 사이를 말해요. 주로 우정이 깊고 변치 않는 친구 관계를 나타낼 때 사용해요.

- 사람을 사귈 때는 **관포지교**를 생각해야 한다.
- **관포지교**를 나눌 좋은 친구가 있다면 얼마나 좋을까?
- **관포지교**는 하루아침에 쌓을 수 있는 우정이 아니야. 어려움을 나눈 사이여야 해.

      옛날 중국에 관중과 포숙이라는 아주 사이 좋은 친구가 있었어요. 어릴 적부터 함께 자란 두 사람은 서로의 단점을 감싸 주고, 장점을 **북돋아** 주며 오래도록 우정을 나누었지요.

  세월이 흘러 두 사람은 각기 다른 왕자를 **섬기게** 되었어요. 관중은 형 규를, 포숙은 동생 소백을 모셨는데, 두 왕자가 왕위를 놓고 싸우게 되면서 친구였던 둘도 적이 되고 말았어요.

  결국 포숙이 섬기던 소백이 왕이 되었고, 소백은 나중에 제나라의 환공이 되었어요. 환공은 형 규를 따르던 관중이 마음에 안 들어 그를 죽이려 했지만, 포숙이 간절히 말렸어요.

"관중은 저보다 훨씬 뛰어난 인재입니다. 제나라만 다스릴 거라면 저 하나로도 충분하지만, 천하를 다스리려면 관중을 꼭 **기용하셔야** 합니다."

이 말을 들은 환공은 관중을 신하로 삼았고, 관중은 훗날 환공을 춘추 시대 최고의 왕으로 만들어 줄 만큼 훌륭한 업적을 남겼답니다.

관중은 포숙에게 늘 깊은 고마움을 느꼈어요.

"가난할 때 내가 더 많이 벌어도 그는 나를 욕심쟁이라고 하지 않았고, 실패했을 때도 무능하다고 하지 않았지. 심지어 전쟁터에서 도망쳤을 때도 나를 겁쟁이라고 하지 않고 늙은 어머니를 생각한 효심이라 말해 주었네. 그는 언제나 나를 이해해 주고 믿어 주었지. 나를 낳아 준 건 부모님이지만, 나를 알아준 건 포숙이었네."

이처럼 진심으로 서로를 아껴 주는 친구 사이를 '관포지교'라고 해요.

 **문해력 쑥쑥 낱말 공부**

북돋다 '북돋우다'의 준말이에요. 기운이나 마음이 더 좋아지고 힘이 나도록 도와주는 것을 말해요. 슬퍼하거나 지친 사람을 응원해 주거나 따뜻한 말을 해 주는 게 바로 마음을 북돋는 거예요. 사람의 용기나 자신감을 키워 줄 때도 이 말을 쓸 수 있어요.
예) 엄마의 따뜻한 말 한마디가 내 마음을 **북돋아** 줬어요.

섬기다 신이나 부모님, 윗사람을 정성스럽게 모시고 따르는 것을 말해요. 공손하고 예의 바르게 대하며 마음을 다해 잘 모시는 행동이에요. 이 말은 존경하는 사람에게 예의를 다해 정성껏 대할 때 자주 써요. 비슷한 말로 '모시다'가 있어요.
예) 할머니는 평생 부모님을 정성껏 **섬기셨어요.**

기용하다 능력 있는 사람을 뽑아 중요한 자리에 올려 쓰는 것을 말해요. 한자로 '기(起)'는 '일어나다', '용(用)'은 '쓰다'는 뜻이에요. 그래서 '기용하다'는 사람을 일으켜 세워 어떤 일을 맡겨서 일하게 하는 것을 뜻해요. 그 사람의 능력과 성품을 믿고 중요한 자리에 쓰는 경우를 말하지요.
예) 새로 뽑힌 감독은 젊은 선수를 **기용해** 경기에 내보냈어요.

• 한자 뜯어보기 •

管 피리 관	管	管	管	
鮑 절인 물고기 포	鮑	鮑	鮑	
之 갈 지	之	之	之	
交 사귈 교	交	交	交	

관악기 管樂器
管: 피리 관 | **樂**: 풍류 악 | **器**: 그릇 기

입으로 불어서 관 안의 공기를 진동시켜 소리를 내는 악기예요. 이런 악기는 입김을 불어 넣으면 '푸~' 하고 소리가 나요. 피리, 단소, 대금, 플루트, 트럼펫, 클라리넷, 오보에 같은 악기들이 관악기예요.

포석정 鮑石亭
鮑: 절인 물고기 포 | **石**: 돌 석 | **亭**: 정자 정

지금의 경주에 있으며, 통일 신라 시대 옛사람들의 멋과 문화를 느낄 수 있는 유적지예요. 왕과 신하들이 돌로 만든 구불구불한 물길 위에 술잔을 띄우고서 시를 읊으며 놀이를 했다고 해요.

외교 外交
外: 바깥 외 | **交**: 사귈 교

다른 나라와 서로 좋은 관계를 맺기 위해 이야기하고 약속하는 일을 말해요. 전쟁 없이 평화롭게 지내기 위해서는 의견을 나누고 도와줄 수 있는 방법을 찾아야 하지요. 외교를 담당하는 사람을 '외교관'이라고 해요.

結草報恩
결초보은

'풀을 묶어서 은혜를 갚는다.'는 뜻으로, 남에게 큰 은혜를 입었을 때, 죽어서 귀신이 되더라도 반드시 그 은혜를 갚겠다는 마음을 나타내는 말이에요. 주로 깊이 고마운 마음을 표현할 때 사용해요.

- 사또의 은혜에 정말 감사합니다. 저승에 가서라도 **결초보은**하겠습니다.
- 부모님의 은혜는 마땅히 **결초보은**해야 한다.
- 서모의 아버지는 위과에게 **결초보은**하였답니다.

옛날 중국 진나라에 위무라는 사람이 있었어요. 그 시절엔 부인을 여럿 두는 일이 허락되었고, 위무는 특히 젊고 예쁜 서모를 많이 아끼고 사랑했대요.

어느 날 위무가 병이 깊어지자, 큰아들 위과를 불러 말했어요.

"내가 죽거든 서모를 좋은 사람에게 시집보내다오. 외로웠던 내게 큰 위로가 되어 준 사람이다."

며칠 뒤 병이 더 깊어져 정신이 흐릿해진 위무가 이렇게 말했어요.

"서모를 무덤에 함께 묻어 다오. 저승길이 외롭지 않게 함께하고 싶구나."

위과는 **고심**에 빠졌어요. 정신이 맑을 때 남긴 첫 유언과, 병세가 **위중해**

진 뒤 남긴 말을 두고 어느 쪽을 따라야 할지 망설였지요.

끝내 아버지의 처음 뜻을 따르기로 해서 서모를 죽이지 않고 좋은 사람에게 시집을 보냈지요.

그로부터 시간이 흐른 뒤, 위과는 전쟁에 나갔다가 **적장**과 싸우던 중 위기에 빠졌어요. 그런데 갑자기 적장이 풀에 발이 걸려 넘어졌고, 위과는 때를 놓치지 않고 기회를 잡아 큰 공을 세웠지요.

그날 밤, 위과의 꿈에 한 노인이 나타나 말했어요.

"나는 자네가 살려 준 서모의 아버지요. 당신의 은혜를 잊지 않고 오늘 갚은 것이오."

이처럼 풀을 묶어 은혜를 갚았다는 데서 '결초보은', 즉 죽어서도 은혜를 잊지 않고 반드시 갚는다는 말이 생겨났어요.

 **문해력 쑥쑥 낱말 공부**

고심   어떤 일을 깊이 생각하느라 마음을 많이 쓰고 애를 태우는 것을 말해요. 쉽지 않은 문제를 해결하려고 오랫동안 고민하고 신중하게 생각할 때 쓰는 말이에요. 한자로 '고(苦)'는 '괴롭다, 힘들다', '심(心)'은 '마음'이라는 뜻이에요. 그래서 '고심'은 힘들고 괴로운 마음으로 깊이 생각하는 것을 뜻해요.
예) **고심** 끝에 결정을 내렸어요.

위중하다   한자로 '위(危)'는 '위험하다', '중(重)'은 '무겁고 심하다'는 뜻이에요. 병이 매우 심해서 생명이 위험할 정도로 나쁘거나, 어떤 상황이 아주 위태롭고 심각할 때 쓰는 말이에요. 아픈 사람이 금방이라도 큰일이 날 것처럼 상태가 나쁠 때, 또는 나라나 사회에 큰 문제가 생겼을 때 자주 사용해요.
예) 그는 어머니가 **위중하다**는 소식을 듣고 고향으로 달려갔다.

적장   싸움에서 적군을 이끄는 장수를 말해요. 즉 상대편 군대의 우두머리 장수를 뜻해요. 한자로 '적(敵)'은 '적', 즉 싸우는 상대, '장(將)'은 '장수', 즉 군대를 이끄는 사람이라는 뜻이에요.
예) **적장**이 이끄는 군대가 성문 앞까지 쳐들어왔어요.

한자 뜯어보기

結 맺을 결	結	結	結		
草 풀 초	草	草	草		
報 갚을 보	報	報	報		
恩 은혜 은	恩	恩	恩		

결혼 結婚
結: 맺을 결 | **婚**: 혼인할 혼
남자와 여자가 서로 부부가 되어 함께 살아가기로 약속하고 가족이 되는 것을 말해요. 서로 사랑하고 아끼는 두 사람이 가정을 이루기 위해 맺는 중요한 약속이지요. 결혼을 하면 함께 가정을 꾸리고 자녀를 낳기도 하면서 서로 돌보며 살아가요.

홍보 弘報
弘: 넓을 홍 | **報**: 갚을 보, 알릴 보
많은 사람들에게 어떤 소식이나 내용을 널리 알리는 것을 말해요. 예를 들어, 좋은 물건을 소개하거나 행사를 알릴 때 사람들이 알 수 있도록 방송이나 신문에 광고를 하고 전단지를 나눠 주는 것도 홍보예요.

은덕 恩德
恩: 은혜 은 | **德**: 덕 덕
누군가가 베풀어 준 고마운 도움이나 은혜를 말해요. 특히 오랫동안 잊지 못할 만큼 크고 따뜻한 도움을 이야기할 때 써요. 부모님의 사랑이나 선생님의 가르침처럼, 마음 깊이 감사하게 여기는 것도 은덕이에요.

同 病 相 憐
동병상련

'같은 병을 앓는 사람끼리 서로 가엾게 여긴다.'는 뜻으로, 비슷한 어려움을 겪는 사람들끼리 서로의 처지를 잘 이해하고 공감한다는 말이에요. 주로 힘든 상황에 있는 사람들이 서로를 위로할 때 사용해요.

- 나도 이번 시험을 못 봤는데 너도 마찬가지라니, 우린 **동병상련**이구나.
- 우리와 **동병상련**이던 독일은 통일이 되었는데 우리나라는 언제쯤 통일이 될까?
- 나는 **동병상련**의 마음으로 영화 속 주인공의 아픔을 느꼈다.

'동병상련'은 중국 춘추 전국 시대 실제 있었던 이야기에서 비롯된 말이에요.

오나라의 태자 광은 사촌인 오왕을 죽이고 스스로 왕위에 올랐어요. 그리고 그 일을 도운 오자서에게 대부라는 높은 벼슬을 내렸지요.

하지만 오자서가 태자 광을 도운 진짜 이유는 바로 복수 때문이었어요. 그의 아버지는 초나라에서 높은 벼슬을 지냈는데, 신하 비무기의 거짓말에 휘말려 형과 함께 억울하게 죽었거든요. 오자서는 아버지와 형의 **원한**을 갚기 위해 오나라로 온 것이었어요.

그 무렵, 초나라의 백비라는 인물도 비무기의 **모함**으로 아버지를 잃고 오

나라로 도망쳐 왔어요. 비슷한 아픔을 가진 오자서는 백비를 왕에게 추천했고, 백비 역시 대부로 임명되었지요.

이 소식을 들은 대부 피리가 오자서를 걱정하며 말했습니다.

"백비의 눈빛은 매와 같고, 걸음은 호랑이처럼 날카롭습니다. 남을 해칠 상입니다. 어째서 그런 사람을 추천하셨습니까?"

그러자 오자서는 이렇게 답했어요.

"《하상가》에도 '동병상련, 동우상구'라 하였습니다. 같은 고통을 겪은 사람들끼리는 서로를 불쌍히 여기고 돕는 법입니다."

오자서는 백비가 자신과 같은 아픔을 겪었기 때문에 믿을 수 있다고 생각한 것이지요. 하지만 오자서는 결국 월나라에 **매수된** 백비의 거짓말로 인해 억울하게 목숨을 잃고 말아요.

 **문해력 쑥쑥 낱말 공부**

원한 억울하고 원통한 일을 당해 마음속에 오래도록 남아 있는 슬프고 화난 감정을 말해요. 한자로 '원(怨)'은 '원망하다', '한(恨)'은 '한스럽고 억울하다'는 뜻이에요. 누군가에게 큰 상처를 받았을 때, 그 기억이 지워지지 않고 마음속에 응어리처럼 남아 있을 때 '원한'이라는 말을 써요.
예) 옛이야기에서 주인공이 깊은 <u>원한</u>을 품고 있었어요.

모험 위험할 수도 있는 일을 용기 있게 해 보는 것을 말해요. 어떻게 될지 알 수 없지만, 새로운 것을 해 보거나 어려운 일에 도전하는 것도 모험이에요. 때로는 무섭고 힘들지만 성장하거나 특별한 경험을 할 수 있는 기회이기도 하지요.
예) 주인공은 보물섬을 찾아 떠나는 <u>모험</u>을 시작했어요.

매수되다 '살 매(買)', '거둘 수(收)'라는 한자에서 나온 말이에요. 돈을 주고 어떤 것을 사들이거나, 돈이나 이익을 받고 마음이나 행동이 다른 쪽으로 넘어가는 것을 뜻해요. 특히 정직하지 않게 돈이나 선물에 넘어가 상대방 편을 들게 되는 경우에 자주 써요.
예) 나는 그 사람이 돈에 <u>매수될</u> 사람이 아니라고 믿는다.

• 한자 뜯어보기 •

동의하다 同意하다
同: 같을 동 | 意: 뜻 의
누군가의 생각이나 의견, 제안에 "나도 그렇게 생각해." 하며 뜻을 같이하는 것을 말해요. 서로 의견이 같을 때 또는 누군가의 말에 찬성하거나 받아들일 때 '동의하다'라고 해요.

병원 病院
病: 병들 병 | 院: 집 원
아프거나 다친 사람을 치료해 주는 곳이에요. 의사 선생님과 간호사 선생님이 함께 일을 하면서 병을 고치고, 건강을 돌봐주어요. 감기에 걸리거나 다리를 다쳤을 때, 눈이 나빠졌을 때 등 아픈 곳마다 가는 병원이 모두 달라요.

청순가련 淸純可憐
淸: 맑을 청 | 純: 순수할 순 | 可: 옳을 가 | 憐: 불쌍히 여길 련(연)
생김새나 성격이 맑고 순하며, 여리고 애틋한 모습을 말해요. 주로 깨끗하고 순한 인상을 하고 있어 보호해 주고 싶은 느낌이 드는 사람을 묘사할 때 사용해요.

茶飯事
다반사

'차를 마시거나 밥을 먹는 일'이라는 뜻으로, 늘 일어나는 보통의 일이라서 특별할 것 없는 대수롭지 않은 일을 말해요. 주로 어떤 일이 너무 흔해서 놀랍지 않을 때 사용해요.

- 아버지는 일이 많아 집에 늦게 들어오시는 일이 **다반사**였다.
- 돈을 벌려고 자연을 훼손하는 일이 **다반사**로 일어나고 있어.
- 아침잠이 많은 지우는 학교에 지각하는 일이 **다반사**였다.

옛 중국에 조주 선사라는 스님이 있었어요.

그는 **평소**에 차 마시는 것을 즐겼으며, 절을 찾는 이들에게도 빠짐 없이 차 한잔을 **권하곤** 하셨지요.

어느 날, 한 손님이 절에 들르자 조주 선사가 물었습니다.

"이곳에 처음 오셨습니까?"

"예, 처음입니다."

"그렇습니까? 그럼 차나 한잔 드시지요."

잠시 후 또 다른 손님이 찾아오자 조주가 다시 물었습니다.

"이곳에 몇 번째 오시는 겁니까?"

"여러 차례 왔습니다."

"그렇습니까? 그럼 차나 한잔 드시지요."

이 모습을 지켜보던 시봉 스님이 궁금하여 여쭈었습니다.

"스님, 처음 온 사람이나 여러 번 온 사람이나 똑같이 차를 **대접하시니**, 그 속에 어떤 뜻이 담겨 있는 것입니까?"

그러자 조주 선사는 빙그레 웃으며 이렇게 말했습니다.

"그랬던가? 그렇다면 자네도 차 한잔 들게나."

이 이야기에서 볼 수 있듯이, 스님에게는 차를 마시고 밥을 먹는 일은 특별할 것 없는 일상의 한 장면일 뿐이지요.

이처럼 흔하고 평범한 일을 가리켜 생겨난 말이 바로 '다반사'입니다.

 **문해력 쑥쑥 낱말 공부**

평소 특별한 일이 없는 평범한 날이나 보통 때를 말해요. 예를 들어, 행사나 여행 같은 특별한 때가 아닌 보통의 날들을 '평소'라고 해요. 한자로 '평(平)'은 '평평하다, 특별할 것 없다', '소(素)'는 '본래의 모습'이라는 뜻이에요. 그래서 '평소'는 늘 그렇듯 특별하지 않은 날이나 평범한 때를 뜻해요.
예) 엄마는 <u>평소</u>보다 옷차림에 꽤 신경을 쓰셨다.

권하다 어떤 일을 하도록 부드럽게 말하거나, 음식을 먹거나 물건을 써 보라고 말하는 것을 뜻해요. 예를 들어, 좋은 습관을 가지라고 조심스럽게 이야기하거나, 새로 나온 과자를 친구에게 먹어 보라고 부추기는 걸 말해요.
예) 친구가 이 책이 재미있다며 나에게 꼭 읽어 보라고 <u>권했어요</u>.

대접하다 누군가를 예의 있게 맞이하거나, 음식을 차려 주는 것을 말해요. 상대를 존중하고 반갑게 맞이할 때 '대접하다'라는 말을 써요. 손님이나 어른을 마음을 다해 정성스럽게 대하거나, 음식을 내어 드릴 때 자주 쓰는 말이에요. 비슷한 말로는 '환대하다'가 있어요.
예) 할머니께서 집에 온 손님들에게 따뜻한 밥 한 끼를 <u>대접하셨어요</u>.

• 한자 뜯어보기 •

다과 茶菓
茶: 차 다 | **菓: 과실 과, 과자 과**
차와 과자를 함께 이르는 말이에요. 손님을 맞을 때 내놓는 차와 과자나 떡 같은 간단한 음식이에요. 모임이나 행사에서 잠깐 쉬면서 먹는 것도 다과랍니다.

반상 飯床
飯: 밥 반 | **床: 평상 상**
격식을 갖추어 밥 한 끼를 차릴 때 쓰는 그릇을 말해요. 밥그릇, 국그릇, 반찬 그릇, 쟁반, 종지 등이 포함돼요. 반찬 그릇의 수에 따라 3첩, 5첩, 7첩, 9첩 반상 등으로 구별해요. 옛날 궁중이나 양반가에서 손님을 대접하는 상차림에 놓여요.

사건 事件
事: 일 사 | **件: 사건 건**
특별하게 일어난 일이나 사고를 말해요. 사람들에게 큰 영향을 주거나, 뉴스에 나올 만큼 중요한 일을 '사건'이라고 해요. 좋은 일일 수도 있고, 안 좋은 일일 수도 있어요.

意 氣 揚 揚
의기양양

흥이 나서 기세가 당당하거나, 자랑스러워서 으쓱거리며 뽐내는 모습을 뜻하는 말이에요. 주로 일이 잘 풀려 기분이 좋고 자신감이 넘칠 때 사용해요.

- 가은이는 언제나 **의기양양**한 도윤이가 멋져 보였다.
- 철수는 아는 문제라며 **의기양양**하게 답을 썼다.
- 잘될 때는 **의기양양**하더니, 실패하면서 기가 죽었다.

《사기》에는 다음과 같은 이야기가 전해져요.

춘추 시대 제나라에 안자라는 아주 유명한 재상이 있었어요. 안자는 나라에서 매우 중요한 자리를 **맡고** 있었어요. 그래서 안자가 마을을 지나가면 사람들이 나와서 얼굴을 보려고 했지요.

안자는 겸손하고 **점잖은** 사람이었어요. 그는 수레에 앉아 외출할 때도 자신의 직위를 자랑하지 않고 늘 고개를 숙이고 있었답니다. 반면, 그의 마부는 고개를 빳빳이 들고 수레를 몰았어요. 이 모습을 본 마부의 아내는 남편이 자랑스럽지 않게 보였어요.

어느 날, 안자가 탄 수레가 자신의 집 앞을 지나간다는 소식을 들은 마부의 아내는 담장 뒤에 살며시 몸을 숨기고 수레를 지켜보았어요. 그녀는 안자가 겸손하게 앉아 있는 모습과 달리 남편이 잘난 체하며 수레를 모는 모습을 보고는 매우 부끄러웠어요.

그날 저녁, 마부가 집에 돌아오자 아내는 헤어지자고 말했어요.

"왜 갑자기 헤어지자고 하는 거요?"

마부가 어리둥절해하며 묻자 아내는 이렇게 말했어요.

"안자는 여섯 척도 안 되는 몸으로 재상 자리에 있으면서도 겸손하고 점잖은데, 당신은 여덟 척이나 되는 몸으로 재상의 수레를 몰면서 그런 태도를 보이다니, 정말 창피해요. 이제 그만 헤어져요!"

이 일이 있고 난 후, 마부는 자신의 행동을 돌아보고 다시는 의기양양하게 행동하지 않았어요. 나중에 안자는 마부의 행동이 바뀐 이유를 알게 되었고, 이렇게 말했어요.

"자신의 잘못을 알게 되어 고치는 것은 아주 용기 있는 모습이다."

안자는 마부를 칭찬하고, 그에게 벼슬을 내렸답니다.

문해력 쑥쑥 낱말 공부

맡다 일이나 물건, 자리를 책임지거나 차지하는 것을 말해요. 주로 어떤 일을 책임지고 하게 될 때, 누군가의 물건을 대신 보관할 때, 또는 자리를 먼저 차지하거나 정해진 자리를 차지할 때 사용해요.
예) 우리는 창가 쪽 자리를 먼저 <u>맡았어요.</u>

점잖다 말이나 행동이 차분하고 조용하며, 품격이 있어 보이는 것을 말해요. 보통 급하거나 떠들지 않고, 얌전하고 의젓한 태도를 가졌을 때 쓰는 말이에요. 또한 겉모습이나 분위기에서 고상하고 예의 바른 느낌이 날 때도 '점잖다'는 말을 해요.
예) 새로 오신 선생님은 말투도 조용하고 아주 <u>**점잖으셨어요.**</u>

몰다 자동차나 기계, 동물 같은 것을 마음대로 움직이거나 운전하는 것을 말해요. 보통 자동차를 운전할 때나 말이나 소 같은 동물을 끌고 가거나 다룰 때 이 말을 써요. 기계를 조종하거나 방향을 이끄는 상황에서도 '몰다'라는 표현을 써요.
예) 수비수는 공을 위험 지역 밖으로 <u>**몰았다.**</u>

• 한자 뜯어보기 •

意 뜻 의	意	意	意		
氣 기운 기	氣	氣	氣		
揚 오를 양	揚	揚	揚		
揚 오를 양	揚	揚	揚		

주의 注意
注: 부를 주 | **意**: 뜻 의
어떤 일이나 물건, 상황을 잘 살펴보고 조심하는 것을 말해요. 실수하지 않도록 마음을 집중하거나, 위험한 일이 생기지 않도록 조심할 때 쓰는 말이에요. 길을 건널 때 차가 오는지 잘 보는 것도 주의하는 행동이에요.

기후 氣候
氣: 기운 기 | **候**: 기후 후
어떤 지역에서 오랫동안 나타나는 날씨의 기운, 즉 더운지 추운지, 습한지 건조한지 같은 날씨의 성질을 말해요. 기후는 하루하루 변하는 날씨와 달리, 오랜 시간 동안 비슷하게 나타나는 날씨의 성질이에요.

억양 抑揚
抑: 누를 억 | **揚** 오를 양
말을 할 때 소리의 높낮이를 다르게 하는 거예요. 질문할 때는 끝을 올리고, 명령할 때는 낮추는 등 말의 느낌을 바꿔 주는 역할을 해요. 지역에 따라 억양이 달라서 같은 말도 다르게 들릴 수 있어요.

百發百中
백발백중

'백 번 쏘아 백 번 맞힌다.'는 뜻으로, 계획하거나 생각한 일이 틀림없이 그대로 이루어지고, 하는 일마다 정확하게 들어맞는다는 말이에요. 주로 예상이 딱 맞아떨어질 때 사용해요.

- 우리나라 양궁 선수들은 쏘기만 하면 **백발백중**이다.
- 엄마는 내가 방과 후에 어디에 다녀왔는지 **백발백중**으로 맞혔다.
- 우리 동네 동물병원 원장님의 진단은 **백발백중**이라고 소문났다.

　　　옛날 중국 초나라에 양유기라는 사람이 살았어요.
　양유기는 어릴 때부터 활쏘기를 좋아해 매일 연습을 했지요. 어느 날 길을 가던 양유기는 사람들이 모여 활쏘기 내기를 구경하는 모습을 보게 됐어요. 가까운 거리에서 과녁을 쏘고 있었는데, 참가자들의 실력이 그리 좋지는 않았어요.
　내기에서 이긴 한 청년에게 양유기가 말했어요.
　"과녁이 너무 가까워요. 내기라면 좀 더 멀리서 쏴야 하지 않을까요?"
　그러자 청년이 되물었어요.
　"그렇게 자신 있으면, 저기 멀리 있는 버드나무 잎을 한번 쏴 보시오!"

버드나무 잎은 백 걸음 이상 떨어진 거리에 있었고, 게다가 잎사귀는 엄지손가락보다도 작았어요. 하지만 양유기는 조금도 망설이지 않고 활을 들어 **겨누었어요.** 그러고는 힘껏 활을 당겨 쏘았지요.

휘리리리릭! 탕!

화살은 바람을 가르며 날아가 작은 잎사귀에 정확히 **명중했어요.** 이를 본 사람들은 모두 깜짝 놀라며 양유기의 활 솜씨에 박수를 보냈어요. 그는 활을 백 번 쏘면 백 번 모두 맞힐 정도로 놀라운 실력을 가졌고, 그래서 사람들은 그를 두고 "양유기의 활은 백발백중이다!"라고 말했지요.

여기서 나온 말이 바로 '백발백중', 즉 "백 번 쏘아 백 번 맞힌다."는 뜻으로, 무슨 일을 해도 틀림없이 잘 해낸다는 말이랍니다.

 **문해력 쑥쑥 낱말 공부**

과녁 활이나 총을 쏠 때 목표로 삼는 표적이에요. 보통 정확히 가운데를 맞히는 것이 목표예요. 가운데에 가까이 맞힐수록 점수가 높아요. 또한 어떤 일의 목표가 되는 사람이나 대상을 비유적으로 표현해 '과녁'이라고 해요.
예) <u>과녁</u>을 정확히 맞히는 그 선수의 실력에 모두 놀라워했다.

겨누다 활이나 총처럼 쏘는 도구를 어떤 목표를 향해 정확히 맞추는 것을 말해요. 또한 어떤 물건의 크기나 길이를 다른 것과 비교해 보며 어림잡을 때도 '겨누다'라고 해요.
예) 그녀는 새로 산 옷의 길이를 다른 옷에 <u>겨누어</u> 봤어요.

명중하다 화살이나 총알이 겨냥한 곳에 정확히 맞는 것을 말해요. 즉 목표한 곳에 정확하게 도달해 맞는 것을 뜻해요. 한자로 '명(命)'은 '명령, 목표', '중(中)'은 '가운데, 맞다'는 뜻이에요. 그래서 '명중하다'는 목표한 곳에 정확히 맞는 것을 의미한답니다.
예) 저격수의 총알이 범인의 가슴에 **명중**하였다.

한자 뜯어보기

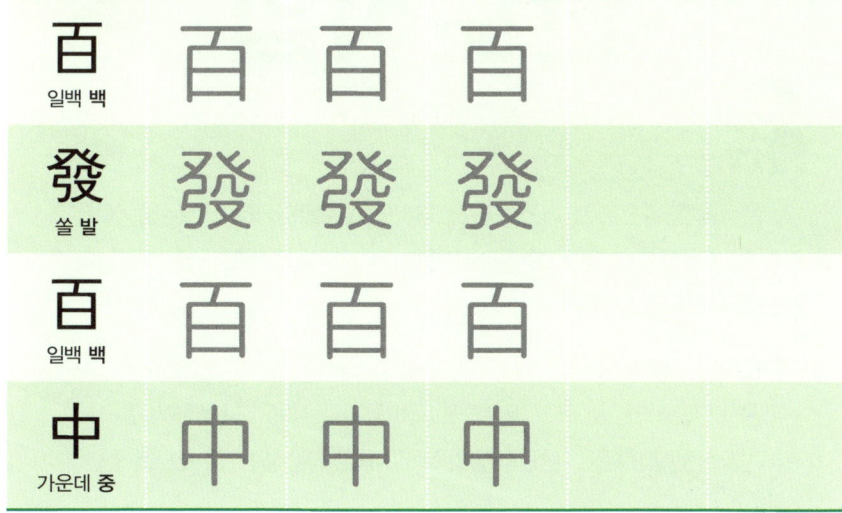

백전백승 百戰百勝
百 : 일백 백 | **戰** : 싸울 전 | **勝** : 이길 승

싸움이나 경기를 백 번 해서 한 번도 지지 않고 모두 이겼다는 뜻이에요. 즉 어떤 일이든 늘 승리하거나 성공하는 경우를 말해요. 대단히 능력이 뛰어나거나 운이 좋은 상태일 때 쓰여요.

발사 發射
發 : 쏠 발 | **射** : 쏠 사

총알, 화살, 로켓처럼 무엇인가를 쏘거나 내보내는 것을 말해요. 무언가를 목표를 향해 빠르게 쏘아 내거나, 하늘로 쏘아 올리는 행동을 '발사'라고 해요.

중학교 中學校
中 : 가운데 중 | **學** : 배울 학 | **校** : 학교 교

중학교는 초등학교와 고등학교 사이에 있는 학교로, 학생들은 다양한 과목을 배우면서 고등학교에 갈 준비를 해요.

單刀直入
단도직입

'칼 한 자루를 들고 혼자 적진을 향해 거침없이 쳐들어가다.'는 뜻으로, 말을 돌리지 않고 곧장 핵심이나 요점을 바로 말하는 상황을 뜻해요. 주로 대화에서 본론만 똑 부러지게 말할 때 사용해요.

- **단도직입**으로 얘기해서, 난 네가 좋다!
- 가끔은 **단도직입**으로 이야기하는 게 돌려 말하는 것보다 나을 때가 있다.
- 이런저런 말 하지 않고 **단도직입**으로 내가 듣고 싶은 말만 해 줬으면 좋겠다.

'단도직입(單刀直入)'이라는 말, 친구들과 이야기할 때 자주 쓰죠? 예를 들어, "내가 단도직입적으로 말할게. 너 책 좀 많이 읽어야겠어." 처럼요. 이 말은 머뭇거리거나 돌려 말하지 않고, 본론부터 바로 들어가는 상황에서 쓰는 표현이에요.

이 말이 처음 쓰인 건 옛날 중국 북송 시대였어요. 그 시절에는 《경덕전등록》이라는 불교 책이 있었는데, 이 책이 워낙 유명해서 **사대부**들이 **교양서**처럼 읽을 정도였다고 해요.

이 책을 보면 한 스님이 들려준 이야기가 나오는데요, 스님은 사람들에게 이렇게 말했어요.

"장수가 전쟁에 나설 때, 다른 건 필요 없다. 칼 한 자루만 품고 곧장 적진으로 들어가라. 그리고 이것저것 말은 하지 말아라."

이 말은 전쟁뿐 아니라 공부나 인생의 어떤 목표를 향해 나아갈 때도 마찬가지예요. 걱정하거나 핑계 대지 말고, 단순하게 마음을 정하고 바로 시작하라는 뜻이지요.

그래서 '단도직입'은 말이나 행동 모두에서 **주저하지** 않고 바로 핵심으로 들어가는 태도를 뜻해요.

때로는 이런 솔직하고 단순한 태도가 더 용기 있고 멋진 일이 되기도 한답니다.

문해력 쑥쑥 낱말 공부

사대부 '사(士)'와 '대부(大夫)'라는 옛날 신분 이름을 합쳐 만든 말이에요. '사'는 글을 읽고 공부하는 사람을, '대부'는 높은 벼슬을 하는 사람을 뜻했어요. 그래서 사대부가 글을 읽고 벼슬을 하던 양반을 가리키는 말이 된 거예요. 이들은 평민보다 지위가 높고, 집안도 좋은 경우가 많았어요.
예) 그는 **사대부** 가문의 자손이었다.

교양서 교양을 쌓는 데 도움이 되는 책이에요. '교양(敎養)'은 '가르칠 교(敎)'와 '기를 양(養)'이라는 한자가 합쳐진 말로, 사람의 지식과 인격을 잘 자라나게 한다는 뜻이에요. 그래서 '교양서'는 우리가 생각을 키우고 올바르게 자라는 데 도움을 주는 책을 말해요.
예) 이 책은 역사를 잘 다루고 있어서 어린이 **교양서**로 충분하다.

주저하다 어떤 일을 하려고 하다가도 마음이 흔들려서, 쉽게 결정하거나 행동하지 못하고 망설이는 것을 말해요. 예를 들어, 손을 들고 발표하고 싶지만 머뭇거리는 것도 주저하는 거예요. 비슷한 말로는 '우물쭈물하다', '망설이다' 등이 있어요.
예) 비가 너무 많이 와서 집 밖으로 나서기를 **주저하고** 있어요.

• 한자 뜯어보기 •

단어 單語
單: 홑 단 | **語**: 말씀 어

뜻을 가진 말의 가장 작은 단위를 말해요. '단(單)'은 '홑' 또는 '하나'라는 뜻이고, '어(語)'는 '말'을 뜻해요. 그래서 '단어'는 하나의 뜻을 가진 낱말 또는 혼자서도 의미를 가지는 말이라는 뜻이에요.

식도 食刀
食: 밥 식 | **刀**: 칼 도

부엌에서 음식을 자르거나 썰 때 사용하는 칼이에요. 고기, 채소, 생선 같은 재료를 다듬을 때 꼭 필요한 도구지요. 날이 크고 튼튼해서 단단한 재료도 자를 수 있어 요리할 때 자주 사용돼요.

직선 直線
直: 곧을 직 | **線**: 선 선

꺾이거나 굽은 데가 없는 곧은 선이에요. 처음부터 끝까지 구부러지지 않고, 가장 짧은 길로 이어지는 선이지요. 반대로 곡선은 부드럽게 휘어 있거나 구부러진 선이에요.

寸　鐵　殺　人
촌철살인

'한 치의 칼로도 사람을 죽일 수 있다.'는 뜻으로, 짧고 간단한 말이라도 깊은 감동을 주거나, 상대의 약점을 정확히 찔러 큰 영향을 줄 수 있다는 말이에요. 주로 말의 힘이 얼마나 큰지를 나타낼 때 사용해요.

- 그 신문의 시사 평론가는 **촌철살인** 하는 글을 쓰기로 유명하다.
- 그는 정곡을 찌르는 날카로운 말로 유명한 **촌철살인** 독설가다.
- 어떤 내용에 관해 **촌철살인** 하려면 그 분야를 아주 깊이 있게 공부해야 한다.

'촌철살인'에서 '촌철'이란, 성인 남자의 손가락 한 마디 정도 되는 아주 작고 날카로운 무기를 뜻해요. 하지만 여기서 말하는 건 사람을 해치는 무기를 의미하는 게 아니에요. 그럼 어떤 뜻일까요?

옛날 중국 남송 시대, 나대경이라는 학자가 있었어요. 그는 집으로 찾아온 손님과 나눈 대화를 적어 책으로 남겼어요. 그 책이 바로 《학림옥로》예요.

이 책에는 손님으로 온 종고 스님과 나눈 대화가 실려 있는데, 그 속에 바로 '촌철살인'이라는 말이 등장하지요.

종고 스님은 이렇게 말했어요.

"어떤 사람이 무기를 수레 가득 실어 왔다고 해서 꼭 사람을 죽일 수 있는 것은 아닙니다. 오히려 한 치도 안 되는 작은 칼로 사람을 죽일 수 있지요."

여기서 말하는 '죽인다'는 것은 정말로 목숨을 끊는다는 뜻이 아니에요. 마음속에 가득한 헛된 생각이나 번뇌를 끊어 낸다는 뜻이지요. 즉 짧고 날카로운 한마디 말이 사람의 마음을 찌르고, 그로 인해 깊은 감동이나 큰 깨달음을 줄 수 있다는 의미예요.

그래서 '촌철살인'은 아주 짧은 말 한마디로 사람의 마음을 움직이거나, 핵심을 찌르며 강한 인상을 주는 표현을 뜻하게 되었답니다.

 **문해력 쑥쑥 낱말 공부**

치 길이를 나타내는 옛날 단위예요. 한 치는 한 자의 10분의 1이고, 길이로는 약 3.03센티미터에 해당해요. 손가락 마디 한 개 정도 되는 짧은 길이예요. 요즘에는 잘 쓰지 않지만, 옛날 책이나 자료에서 가끔 볼 수 있어요.
예) 세 **치** 혀도 잘못 놀리면 큰 망신을 당한다.

번뇌 마음이 괴롭고 시달리는 상태를 말해요. 슬픔, 후회, 욕심, 화 같은 감정들이 마음을 어지럽히고 괴롭게 만들죠. 불교에서는 번뇌를 '마음이나 몸을 괴롭히는 망념'이라고 해요. 망념은 욕망이나 분노처럼, 올바르지 않은 생각에 휘둘리는 마음을 뜻해요. 이런 마음이 괴로움을 만들고, 깨달음을 방해한다고 여겼어요.
예) 아무리 **번뇌**가 많아도 문제는 해결을 지으셔야 합니다.

핵심 한자로 '핵(核)'은 '씨앗'이나 '알맹이'처럼 중심이 되는 부분, '심(心)'은 '마음', '중심'이라는 뜻이에요. 그래서 '핵심'은 가장 중요한 부분이라는 뜻이 돼요. 어떤 이야기나 문제에서 가장 중요하고 놓쳐서는 안 되는 부분이지요. 예를 들어, 긴 글에서 핵심을 찾는다는 건 가장 중요한 생각이나 내용을 알아보는 것이에요.
예) 그는 문제의 **핵심**을 집어냈다.

• 한자 뜯어보기 •

사촌 四寸
四 : 넉 사 | 寸 : 마디 촌

아버지나 어머니의 형제자매의 자녀를 말해요. 가족은 아니지만 가까운 친척으로, 형제자매 다음으로 가까운 사이예요. 함께 자라거나 자주 만나면 형제처럼 친하게 지내는 경우도 많아요.

지하철 地下鐵
地 : 땅 지 | 下 : 아래 하 | 鐵 : 쇠 철

땅속에 만든 길을 따라 다니는 전철이에요. 자동차처럼 도로 위를 달리는 게 아니라, 주로 지하에 있는 선로 위를 빠르게 달려요. 교통 체증 없이 많은 사람들이 빠르게 이동할 수 있어서 주로 큰 도시에서 볼 수 있어요.

살충제 殺蟲劑
殺 : 죽일 살 | 蟲 : 벌레 충 | 劑 : 약 제

벌레를 죽이기 위해 쓰는 약이에요. 집 안이나 밭, 과수원 같은 곳에서 해를 끼치는 벌레들을 없애려고 사용해요. 직접 뿌리거나 뿜연 연기로 내보내기도 해요. 사용 시에는 사람에게 해가 되지 않도록 조심해야 해요.

도전! 고사성어

이제까지 익힌 고사성어를 잘 기억하고 있을까요? 재미있는 문제를 풀며 고사성어를 다시 한번 떠올려 봐요! 정답을 맞히다 보면 어느새 고사성어의 뜻과 활용법이 저절로 익숙해질 거예요.

❶ 노력의 중요성을 알려 주는 고사성어들이에요. 고사성어에 맞는 풀이를 이어 보세요.

괄목상대 •   • '큰 그릇을 만드는 데는 시간이 오래 걸린다.'는 뜻으로, 크게 될 사람은 처음에는 성과가 더딜 수 있지만, 시간이 지나면 남들과는 비교할 수 없을 만큼 훌륭한 사람이 된다는 말이에요.

우공이산 •   • '눈을 비비고 상대편을 본다.'는 뜻으로, 남의 실력이나 재주가 놀랄 만큼 갑자기 늘어서 깜짝 놀랄 때 쓰는 말이에요.

대기만성 •   • 유비가 제갈량을 세 번이나 찾아가 자기편으로 만든 데서 유래한 말이에요. 인재를 얻기 위해 참을성 있게 정성을 다해 노력한다는 뜻이지요.

삼고초려 •   • '우공이 산을 옮긴다.'는 뜻으로, 남이 보기엔 어리석은 일처럼 보이지만 한 가지 일을 끝까지 밀고 나가면 언젠가는 목적을 달성할 수 있다는 뜻이에요.

❷ 다음은 동물이 나오는 고사성어예요. 어떤 동물이 나오는지 찾아보고 뜻풀이를 써 보세요.

고사성어	나오는 동물	뜻풀이
토사구팽		
새옹지마		
지록위마		
형설지공		

❸ 빈칸에 공통으로 들어가는 한자의 그 음과 뜻을 써넣고 각각 고사성어의 뜻을 알아보세요.

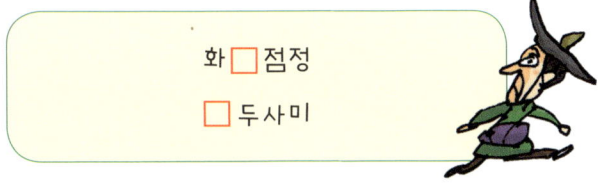

화☐점정

☐두사미

▶ 공통으로 들어가는 한자와 음과 뜻
  ➜ ☐ ～～～～～～

▶ 고사성어 뜻풀이
  화☐점정: ～～～～～～～～～～～～
  ☐두사미: ～～～～～～～～～～～～

❹ 빈칸에 알맞은 고사성어를 보기에서 골라 넣어 보세요.

보기

청출어람   결초보은
동병상련   관포지교
의기양양   계륵
함흥차사

~~~~~~~~~~~~~~~(이)라는 고사성어처럼, 언젠가는 선생님의 실력을 뛰어넘는 날이 오기를 바라며 열심히 공부할 거야.

~~~~~~~~~~~~~~~(이)라는 고사성어처럼, 어릴 때 보던 그림책은 남 주긴 아깝고, 있어도 안 볼 텐데, 이러지도 저러지도 못 하겠어.

~~~~~~~~~~~~~~~(이)라는 고사성어처럼, 심부름 간 동생이 한 시간째 아무 소식도 없네.

~~~~~~~~~~~~~~~(이)라는 고사성어처럼, 나처럼 시험을 망친 친구의 처지를 잘 이해할 수 있어.

_____ (이)라는 고사성어처럼, 선우는 아는 문제가 시험에 나와 기분이 너무 좋고 자신감이 넘치는 모습이더라.

_____ (이)라는 고사성어처럼, 진태와 나는 서로 허물없고 믿음이 깊은 아주 친한 사이야.

_____ (이)라는 고사성어처럼, 남에게 큰 은혜를 입었을 때는 반드시 그 은혜를 갚겠다는 마음을 가져야 해.

❺ 숫자가 들어가는 고사성어예요. 빈칸에 들어가는 여섯 개의 수를 모두 더하면 얼마인지 계산해 보고, 그 뜻도 함께 살펴보세요.

☐사☐생
조☐모☐
☐발☐중

▶ 정답: _____

❻ 고사성어의 뜻을 살펴 한자를 정확한 순서로 나열해 고사성어를 완성하세요.

앞으로 생길지 모를 걱정이나 어려움에 대비해 미리 준비해 두면, 나중에 걱정할 일이 없다.

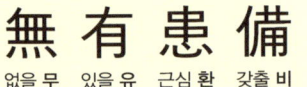 ➡ _____

'바람 앞의 등불'이란 뜻으로, 언제 꺼질지 모르는 등불처럼 아주 위태롭고 오래 버티기 힘든 상황에 놓여 있다.

 ➡ _____

'칼 한 자루를 들고 혼자 적진을 향해 거침없이 쳐들어간다.'는 뜻으로, 말을 돌리지 않고 곧장 핵심이나 요점을 바로 말하다.

 ➡ _____

'차를 마시거나 밥을 먹는 일'이라는 뜻으로, 늘 일어나는 보통의 일이라서 특별할 게 없는 대수롭지 않은 일이다.

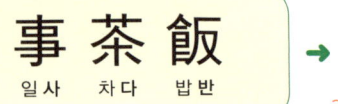 ➡ _____

'나무에 올라가서 물고기를 구한다.'는 뜻으로, 도저히 될 수 없는 일을 억지로 하려 하거나, 방법이 잘못되어 목적을 이룰 수 없다.

漁 求 木 緣
물고기 어 구할 구 나무 목 인연 연 →

❼ 고사성어의 뜻을 살펴보면서 초성을 보고, 고사성어를 완성해 보세요.

▶ 후배나 어린 사람들이 열심히 노력하면 나중에 큰 인물이 될 수 있으니 함부로 얕보지 말고 존중해야 한다.
ㅎㅅㄱㅇ →

▶ 겉으로는 다정하고 친절하게 말하지만, 속으로는 해칠 마음을 품고 있다.
ㄱㅁㅂㄱ →

▶ 짧고 간단한 말로 깊은 감동을 주거나, 상대의 약점을 정확히 찔러 큰 영향을 줄 수 있다.
ㅊㅊㅅㅇ →

▶ 자기 생각 없이 남이 하는 대로 따라 하거나, 깊이 생각하지 않고 경솔하게 행동한다.
ㅂㅎㄴㄷ →

▶ 힘들고 괴로운 시간이 지나면 기쁘고 좋은 일이 생긴다.
ㄱㅈㄱㄹ →

✦ 고사성어 보따리 ✦

본문에 소개한 고사성어를 다시 한번 살펴보고, 비슷하거나 반대의 뜻을 가진 고사성어를 알아보세요. 어떤 상황에서 쓰이는지 떠올려 보면 이해가 더 쉬워질 거예요. 우리 함께 더 많은 고사성어를 만나 볼까요?

우공이산 愚公移山
'우공이 산을 옮긴다.'는 뜻으로, 남이 보기엔 어리석은 일처럼 보이지만 한 가지 일을 끝까지 밀고 나가면 언젠가는 목적을 달성할 수 있다는 말.

비슷한 말

철저성침 鐵杵成針 철 절굿공이로 바늘을 만든다는 뜻으로, 아주 오래 노력하면 성공한다는 말.
진합태산 塵合泰山 티끌 모아 태산.
마부작침 磨斧作針 도끼를 갈아 바늘을 만든다는 뜻으로, 아무리 어려운 일이라도 끈기 있게 노력하면 이룰 수 있음을 이르는 말.

형설지공 螢雪之功
'반딧불이와 흰 눈과 함께하는 노력'이라는 뜻으로, 어려운 환경에서도 열심히 공부하는 모습을 이르는 말.

비슷한 말

손강영설 孫康映雪 고생하면서도 열심히 공부하는 것을 이르는 말. 중국 진나라의 학자 손강이 가난을 이겨 내며 열심히 공부한 데서 유래.
형창설안 螢窓雪案 반딧불이 비치는 창가에 눈에 비치는 책상이라는 뜻으로, 어려움 속에서도 공부에 힘쓰는 모습을 이르는 말.

대기만성 大器晩成
'큰 그릇을 만드는 데는 시간이 오래 걸린다.'는 뜻으로, 크게 될 사람은 처음에는 성과가 더딜 수 있지만, 시간이 지나면 남들과는 비교할 수 없을 만큼 훌륭한 사람이 된다는 말.

삼고초려 三顧草廬
유비가 제갈량을 세 번이나 찾아가 자기편으로 만든 데서 유래한 말로 인재를 얻기 위해 참을성 있게 정성을 다해 노력함을 이르는 말.

새옹지마 塞翁之馬
'변방에 사는 노인의 말'이라는 뜻으로, 세상일은 어떻게 변할지 알 수 없어서 지금 좋다고 해도 나빠질 수 있고, 지금 나쁘다고 해도 나중에 좋은 일이 될 수 있다는 말.

비슷한 말
전화위복 轉禍爲福 화가 바뀌어 오히려 복이 된다는 뜻으로, 어떤 불행한 일이 닥쳐도 포기하지 않고 끊임없이 노력하면 행복으로 바꿀 수 있다는 말.

풍전등화 風前燈火
'바람 앞의 등불'이란 뜻으로, 언제 꺼질지 모르는 등불처럼 아주 위태롭고 오래 버티기 힘든 상황에 놓여 있다는 말.

비슷한 말
일촉즉발 一觸卽發 한 번 닿기만 해도 곧 폭발한다는 뜻으로, 조그만 자극에도 큰일이 벌어질 것 같은 아슬아슬한 상태를 이르는 말.
백척간두 百尺竿頭 백 자나 되는 높은 장대 위에 올라섰다는 뜻으로, 매우 위태로운 상태를 이르는 말.

의기양양 意氣揚揚
흥이 나서 기세가 당당하거나, 자랑스러워서 으쓱거리며 뽐내는 모습을 뜻하는 말.

비슷한 말
의기충천 意氣衝天 의지와 기개가 하늘을 찌를 듯함.

고진감래 苦盡甘來
'쓴 것이 다하면 단것이 온다.'는 뜻으로, 힘들고 괴로운 시간이 지나면 기쁘고 좋은 일이 생긴다는 말.

반대말
흥진비래 興盡悲來 즐거운 일이 지나면 슬픈 일이 닥쳐온다는 뜻. 세상 일이 좋을 때가 있으면 나쁠 때도 있으니, 잘된다고 너무 자만하지 말고 이치에 맞게 살라는 교훈을 주는 말.

화룡점정 畵龍點睛
어떤 일을 하는 데 있어서 마지막에 가장 중요한 부분을 완성해 그 일을 완벽하게 끝마쳤을 때 쓰는 말.

반대말
사족 蛇足 뱀의 발을 그린다는 뜻으로, 쓸데없이 한 일을 뜻함.

괄목상대 刮目相對
'눈을 비비고 상대편을 본다.'는 뜻으로, 남의 실력이나 재주가 놀랄 만큼 갑자기 늘어서 깜짝 놀랄 때 쓰는 말.

비슷한 말
일취월장 日就月將 나날이 다달이 자라고 발전함.

토사구팽 兔死狗烹
'토끼를 잡아 쓸모없어진 사냥개는 주인에게 삶아 먹히게 된다.'는 뜻으로, 필요할 때는 이용하다가 필요 없어지면 차갑게 버리는 경우에 쓰는 말.

반대말
난망지택 難忘之澤 잊을 수 없는 은혜를 이르는 말.
결초보은 結草報恩 죽은 뒤에라도 은혜를 잊지 않고 갚음을 이르는 말.
각골난망 刻骨難忘 입은 은혜의 고마운 마음이 뼈에까지 사무쳐 잊히지 않는다는 뜻.

청출어람 靑出於藍

'푸른색은 쪽에서 나왔지만 쪽빛보다 더 푸르다.'는 뜻으로, 제자가 스승에게 배웠지만 오히려 스승보다 더 뛰어나게 되었다는 말.

비슷한 말

후생각고 後生角高 뒤에 난 뿔이 우뚝하다는 뜻으로, 제자나 후배가 스승이나 선배보다 뛰어날 때 쓰는 말.

후생가외 後生可畏

'젊은 후학을 두려워할 만하다.'는 뜻으로, 후배나 어린 사람들이 열심히 노력하면 나중에 큰 인물이 될 수 있으니 함부로 얕보지 말고 존중해야 한다는 말.

비슷한 말

청출어람 靑出於藍 '푸른색은 쪽에서 나왔지만 쪽빛보다 더 푸르다.'는 뜻으로, 제자가 스승보다 나은 것을 비유하는 말.

단도직입 單刀直入

'칼 한 자루를 들고 혼자 적진을 향해 거침없이 쳐들어간다.'는 뜻으로, 말을 돌리지 않고 곧장 핵심이나 요점을 바로 말하는 상황을 이르는 말.

비슷한 말

일침견혈 一針見血 '침을 한 번 놓아 피를 본다.'는 뜻으로, 어떤 일의 본질을 파악하여 단번에 정곡을 찌름을 비유하는 말.

구밀복검 口蜜腹劍

'입에는 꿀이 있고 뱃속에는 칼이 있다.'는 뜻으로, 겉으로는 다정하고 친절하게 말하지만 속으로는 해칠 마음을 품고 있다는 말.

비슷한 말

표리부동 表裏不同 마음이 음흉하고 불량하여 겉과 속이 다름.
양두구육 羊頭狗肉 '양의 머리를 걸어 놓고 개고기를 판다.'는 뜻으로, 겉보기만 그럴듯하게 보이고 속은 변변하지 아니함을 이르는 말.

계륵 鷄肋
'닭의 갈빗대'라는 뜻으로, 먹자니 별로고 버리자니 아까운 것처럼, 이러지도 저러지도 못하고 애매하게 붙들고 있는 상황을 이르는 말.

비슷한 말
양수집병 兩手執餠 '양손에 떡을 쥐었다.'는 뜻으로, 두 가지 일이 동시에 있어 어느 것부터 먼저 해야 할지 모를 때 쓰는 말.

용두사미 龍頭蛇尾
'용의 머리와 뱀의 꼬리'라는 뜻으로, 처음 시작은 그럴듯하고 좋았지만 끝으로 갈수록 점점 나빠지는 경우에 쓰는 말.

비슷한 말
유두무미 有頭無尾 '머리가 있어도 꼬리는 없다.'는 뜻으로, 일이 제대로 끝나지 않고 흐지부지함을 이르는 말.

유비무환 有備無患
앞으로 생길지도 모를 걱정이나 어려움에 대비해 미리 준비해 두면, 나중에 걱정할 일이 없다는 말.

구사일생 九死一生
'아홉 번 죽을 뻔하다가 한 번 살아난다.'는 뜻으로, 몇 번이나 죽을 고비를 넘기고 간신히 살아남았다는 말.

비슷한 말
기사회생 起死回生 거의 죽을 뻔하다 도로 살아남.
만사일생 萬死一生 '만 번 죽을 고비에서 한 번 살아난다.'는 뜻으로, 목숨이 매우 위태롭다는 것을 이르는 말.

연목구어 緣木求魚
'나무에 올라가서 물고기를 구한다.' 는 뜻으로, 도저히 될 수 없는 일을 억지로 하려 하거나, 방법이 잘못되어 목적을 이룰 수 없는 상황을 비유하는 말.

비슷한 말
어불성설 語不成說 '말이 되지 않는다.'는 뜻으로, 사리와 이치에 전혀 맞지 않는 말을 뜻함.
상산구어 上山求魚 '산 위에 올라가 물고기를 구한다.'는 뜻으로, 도저히 불가능한 일을 굳이 하려 함을 비유적으로 이르는 말.
사어지천 射魚指天 '물고기를 잡으려고 하늘을 향해 쏜다.'는 뜻으로, 불가능한 일을 하려 함을 이르는 말.

부화뇌동 附和雷同
'우레 소리에 맞춰 함께한다.'는 뜻으로, 자기 생각 없이 남이 하는 대로 따라 하거나, 깊이 생각하지 않고 경솔하게 행동하는 태도를 이르는 말.

비슷한 말
여진여퇴 旅進旅退 '나란히 나아가고 나란히 물러선다.'는 뜻으로, 자기 의견 없이 남의 의견을 따르는 것을 이르는 말.

조삼모사 朝三暮四
아침에 세 개, 저녁에 네 개라는 뜻으로, 겉으로 보이는 차이만 따지고 실제로는 결과가 같다는 것을 모를 때 쓰는 말.

관포지교 管鮑之交
옛날 중국의 관중과 포숙의 사귐이라는 뜻으로, 서로 허물없이 지내고 믿음이 깊은 아주 친한 사이를 이르는 말.

비슷한 말
지란지교 芝蘭之交 지초와 난초처럼 향기로운 사귐이라는 뜻으로, 친구 사이의 우아한 교제를 이르는 말.
지기지우 知己之友 서로 뜻이 통하고 자기를 가장 잘 알아주는 친한 친구 사이를 이르는 말.
죽마고우 竹馬故友 '대나무 말을 타고 놀던 옛 친구'라는 뜻으로, 어릴 때부터 가까이 지내며 자란 친구를 이르는 말.

동병상련 同病相憐
'같은 병을 앓는 사람끼리 서로 가엾게 여긴다.'는 뜻으로, 비슷한 어려움을 겪는 사람들끼리 서로의 처지를 잘 이해하고 공감한다는 말.

비슷한 말
유유상종 類類相從 같은 무리끼리 서로 사귐.
초록동색 草綠同色 풀색과 녹색은 같은 색이라는 뜻으로, 처지가 같은 사람들끼리 한패가 되는 경우를 비유적으로 이르는 말.
동주상구 同舟相救 같은 배를 탄 사람끼리 서로 돕는다는 뜻으로, 같은 운명이나 처지에 놓이면 아는 사람이나 모르는 사람이나 서로 돕게 됨을 이르는 말.

함흥차사 咸興差使
함흥에 간 차사처럼 심부름 간 사람이 아무 소식이 없거나, 기다려도 회답이 없을 때 쓰는 말.

비슷한 말
종무소식 終無消息 끝내 소식이 없음.
일무소식 一無消息 도무지 소식이 없음.

다반사 茶飯事
'차를 마시거나 밥을 먹는 일'이라는 뜻으로, 늘 일어나는 보통 일이라서 특별할 게 없는 대수롭지 않은 일을 이르는 말.

비슷한 말
일상사 日常事 날마다 또는 늘 있는 일.

촌철살인 寸鐵殺人
'한 치의 칼로도 사람을 죽일 수 있다.'는 뜻으로, 짧고 간단한 말이라도 깊은 감동을 주거나, 상대의 약점을 정확히 찔러 큰 영향을 줄 수 있다는 말.

비슷한 말
정문일침 頂門一鍼 정수리에 침을 놓는다는 뜻으로, 따끔한 충고나 교훈을 이르는 말.

백발백중 百發百中
'백 번 쏘아 백 번 맞힌다.'는 뜻으로, 계획하거나 생각한 일이 틀림없이 그대로 이루어지고, 하는 일마다 정확하게 들어맞는다는 말.

비슷한 말
일발필중 一發必中 한 번 쏘아 반드시 맞힘.
백전백승 百戰百勝 백 번 싸워서 백 번 이긴다는 뜻.

결초보은 結草報恩
'풀을 묶어서 은혜를 갚는다.'는 뜻으로, 남에게 큰 은혜를 입었을 때, 죽어서 귀신이 되더라도 반드시 그 은혜를 갚겠다는 마음을 나타내는 말.

비슷한 말
백골난망 白骨難忘 죽어도 잊지 못할 큰 은혜를 입었다는 뜻.
각골난망 刻骨難忘 입은 은혜의 고마운 마음이 뼈에까지 사무쳐 잊히지 않는다는 뜻.

지록위마 指鹿爲馬
사슴을 가리켜 말이라고 하는 상황을 뜻하며, 일부러 사실을 숨기고 거짓을 참인 것처럼 꾸며서 옳고 그름을 뒤바꾸는 일을 비유적으로 이르는 말.

고사성어 먹고 자라는 문해력

초판 1쇄 발행 2025년 6월 17일

글쓴이 세사람 **그린이** 백명식
펴낸이 김명희 **편집** 이은희 **책임편집** 노현주 **디자인** 씨오디

펴낸곳 다봄 **등록** 2011년 6월 15일 제2021-000136호
주소 서울시 마포구 토정로 222 한국출판콘텐츠센터 305호
전화 02-446-0120 **팩스** 0303-0948-0120
전자우편 dabombook@hanmail.net **인스타그램** instagram.com/dabom_books

ISBN 979-11-94148-31-9 74700
     979-11-94148-29-6 (세트)

* 책값은 뒤표지에 있습니다.
* 잘못 만든 책은 구입하신 곳에서 교환해 드립니다.

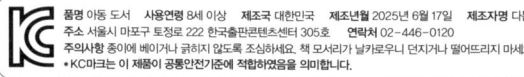